"十三五"国家重点图书出版规划项目

排序与调度丛书　（二期）

排序与调度辞典

唐国春　王军强 编

清华大学出版社

北　京

内 容 简 介

　　排序论是运筹学的重要分支,有着深刻的实际背景和广阔的应用前景。通常把排序论称为排序与调度。编辑"英汉排序与调度词汇",统一排序论术语,是学科成熟的标志。为此把"英汉排序与调度词汇"作为《排序与调度丛书》的附录 A 与丛书一起出版;并在此基础上编写《排序与调度辞典》就尤为重要。

　　本辞典是解释排序与调度条目的工具书,收录条目 638 条,涉及运筹、管理和计算机等多门学科。附录 B 是"排序与调度文献",收录已经公开发表的国内外 4279 条排序与调度文献。本书可以作为高等院校运筹学、系统工程和管理科学与工程等学科教学参考,也可以供企业中管理、计划和调度等人员查阅。

图书在版编目(CIP)数据

排序与调度辞典/唐国春,王军强编. —北京:清华大学出版社,2024.8
　(排序与调度丛书. 二期)
　ISBN 978-7-302-65133-8

　Ⅰ. ①排…　Ⅱ. ①唐…②王…　Ⅲ. ①调度模型—词典　Ⅳ. ①C934-61

中国国家版本馆 CIP 数据核字(2024)第 020740 号

责任编辑:佟丽霞　王　华
封面设计:常雪影
责任校对:欧　洋
责任印制:沈　露

出版发行:清华大学出版社
　　　　网　　　址:https://www.tup.com.cn,https://www.wqxuetang.com
　　　　地　　　址:北京清华大学学研大厦 A 座　　邮　　编:100084
　　　　社 总 机:010-83470000　　　　　　　　　邮　　购:010-62786544
　　　　投稿与读者服务:010-62776969,c-service@tup.tsinghua.edu.cn
　　　　质量反馈:010-62772015,zhiliang@tup.tsinghua.edu.cn
印 装 者:三河市龙大印装有限公司
经　　销:全国新华书店
开　　本:170mm×240mm　　印张:13.25　　字　　数:251 千字
版　　次:2024 年 8 月第 1 版　　　　　　　印　　次:2024 年 8 月第 1 次印刷
定　　价:99.00 元

产品编号:098294-01

《排序与调度丛书》编辑委员会

丛书序言

我知道排序问题是从 20 世纪 50 年代出版的一本名为 *Operations Research*（《运筹学》，可能是 1957 年出版）的书开始的。书中讲到了 S. M. 约翰逊（S. M. Johnson）的同顺序两台机器的排序问题并给出了解法。约翰逊的这一结果给我留下了深刻的印象。第一，这个问题是从实际生活中来的。第二，这个问题有一定的难度，约翰逊给出了完整的解答。第三，这个问题显然包含着许多可能的推广，因此蕴含了广阔的前景。在 1960 年前后，我在《英国运筹学》（*Operational Research*，季刊，从 1978 年（第 29 卷）起改称 *Journal of the Operational Research Society*，并改为月刊）（当时这是一份带有科普性质的刊物）上看到一篇文章，内容谈到三台机器的排序问题，但只涉及四个工件如何排序。这篇文章虽然很简单，但我也从中受到一些启发。我写了一篇讲稿，在中国科学院数学研究所里做了一次通俗报告。之后我就到安徽参加"四清"工作，不意所里将这份报告打印出来并寄了几份给我，我寄了一份给华罗庚教授，他对这方面的研究给予很大的支持。这是 20 世纪 60 年代前期的事，接下来便开始了"文化大革命"，倏忽十年。20 世纪 70 年代初我从"五七"干校回京，发现国外学者在排序问题方面已做了不少工作，并曾在 1966 年开了一次国际排序问题会议，出版了一本论文集 *Theory of Scheduling*（《排序理论》）。我与韩继业教授做了一些工作，也算得上是排序问题在我国的一个开始。想不到在秦裕瑷、林诒勋、唐国春以及许多教授的努力下，跟随着国际的潮流，排序问题的理论和应用在我国得到了如此蓬勃的发展，真是可喜可贺！

众所周知，在计算机如此普及的今天，一门数学分支的发展必须与生产实际相结合，才称得上走上了健康的道路。一种复杂的工具从设计到生产，一项巨大复杂的工程从开始施工到完工后的处理，无不牵涉排序问题。因此，我认为排序理论的发展是没有止境的。我很少看小说，但近来我对一本名叫《约翰·克里斯托夫》的作品很感兴趣。这是罗曼·罗兰写的一本名著，实际上它是以贝多芬为背景的一本传记体小说。这里面提到贝多芬的祖父和父亲都是宫廷乐队指挥，当贝多芬的父亲发现他在音乐方面是个天才的时候，便想将他培养成一名优秀的钢琴师，让他到各地去表演，可以名利双收，所以强迫他勤学苦练。但贝多芬非常反感，他认为这样的作品显示不出人的气质。由于贝多芬有如此的感受，他才能谱出如《英雄交响曲》《第九交响曲》等深具人性的伟大乐章。我想数学也是一样，只有在人类生产中体现它的威力的时候，才能显示出数学这门学科的光辉，也才能显示出作为一名数学家的骄傲。

任何一门学科，尤其是一门与生产实际有密切联系的学科，在其发展初期那些引发它成长的问题必然是相互分离的，甚至是互不相干的。但只要研究继续向前发展，一些问题便会综合趋于统一，处理问题的方法也会与日俱增、深入细致，可谓根深叶茂，蔚然成林。我们这套丛书已有数册正在撰写之中，主题纷呈，蔚为壮观。相信在不久以后会有不少新的著作出现，使我们的学科呈现一片欣欣向荣、繁花似锦的局面，则是鄙人所厚望于诸君者矣。

越民义

中国科学院数学与系统科学研究院

2019 年 4 月

前　言

　　scheduling 是指为加工若干个工件(job)或者完成若干项任务(task)，而对包括机器(machine)或者处理机(processor)在内的人、财、物等资源，按时间进行分配和安排。在数学和管理科学中把 scheduling 译成排序，在计算机科学和工业工程中译成调度。但是，用排序或调度作为 scheduling 的中文译名都只是描述了 scheduling 的一个侧面。scheduling 既有分配(allocation)的含义，即把被加工的对象"工件"分配给提供加工的对象"机器"以便进行加工；又有排序的内涵，包括安排被加工对象"工件"的次序和安排提供加工对象"机器"的次序；还有调度的含义，即把"机器"和"工件"按时间进行调度。从最优化的角度来讲，"工件"何时就绪，何时安装，何时开始加工，何时中断加工，何时更换"工件"，何时再继续加工原"工件"，直到何时结束此"工件"的加工；"机器"何时就绪，何时进行加工，何时空闲(idle)，何时更换"机器"，等等。这些都是按时间进行最优的分配、排序和调度。因此，把 scheduling 译成"排序与调度"是比较合适的。这也就是本丛书名《排序与调度丛书》的由来。此外，排序和调度默认的含义是"机器排序"(machine scheduling)。除机器排序之外，还有项目排序(project scheduling)和数据排序(data sorting)；前者包括关键路线法和计划评审技术，后者又称为整序，是一些数据按照某种要求安排先后次序的问题。

　　从英语的词义和词性上来分析，sequence(次序)的动名词 sequencing 是"安排次序"；schedule(时间表)的动名词 scheduling 是"安排时间表"。sequencing 是一种特殊的 scheduling，是只要确定"工件"的次序就完全确定加工的时间表(schedule)问题，并不涉及"机器"的因素。在不至于混淆和不会产生歧义的情况下，可以把 sequencing 和 scheduling 都称为排序，把 scheduling 学科(包括 scheduling 的理论、方法和应用)称为排序论。但这只是通俗的表述，千万不要混淆 sequencing 和 scheduling 的含义。

　　排序论的开创者之一贝克尔(Baker)曾指出："排序领域内许多早期的工作是在制造业推动下发展起来的，所以在描述排序问题时会很自然地使用制造业的术语。虽然排序问题在许多非制造业的领域内已取得相当有意义的成果，但是制造业的术语仍然经常在使用。因而，往往把资源称为机器，把任务称为工件。有时工件可能是由几个先后次序约束相互联系着的基本任务所组成。这种基本任务被称为工序。例如,对门诊患者到医疗诊所看病的排序问题也描述为'工件'在'机器'上'加工'的过程。"(*Introduction to sequencing and scheduling*. New York: John Wiley & Sons, 1974)排序论中的"机器"和"工件"已经不是机器制造业中的"车床"和"车床加工的螺丝",已经从"车床"和"螺丝"等具体事物中抽象出来,是抽象的概念。排序论中的"工件"可以是任务、非圆齿轮、计算机终端、患者、降落的飞机等,"机器"可以是完成任务所需要的人财物资源、数控机床、计算机的中央处理器、医生、机场跑道等。例如,计算机科学中并行计算机的出现,促进排序论中对并行机排序的深入研究;反过来,排序论中的并行机可以应用到计算机科学的并行计算中去,并行机排序的成果在一定程度上推动并行计算和并行计算机的发展。

第二次世界大战期间运筹学(operational research)兴起,首次把运作(operations)作为研究(research)的对象。其间,研究运作的时间安排促成排序概念的建立和研究的开展。在 20 世纪中叶运筹学奠基时期,排序论的先驱工作已经在离散优化领域占有重要地位。此后,排序论始终保持蓬勃发展的势态。普遍认为 1954 年约翰逊(Johnson)发表的论文(*Optimal two- and three-stage production schedules with setup times included*. NRL,1954,1:61-68)是经典排序的第一篇。这篇论文问世以来的 60 多年内全世界已经发表排序论文献 4000 余篇(见本书的附录 B 排序与调度文献)。国际上著名排序论专家波茨(Potts)等把前 50 年中每 10 年的排序论研究概括为一个主题,这 5 个研究主题是组合分析、分支定界、计算复杂性和分类、近似算法、现代排序。最近 20 年排序论与博弈论和行为科学交叉,排序博弈、供应链排序和手术排程等领域都有较大的发展。

20 世纪 60 年代越民义就注意到排序问题的重要性和在理论上的难度。1963 年他编写国内第一本排序论讲义。70 年代初他和韩继业研究同顺序流水作业排序问题,开创了中国研究排序论的先河。在他们两位的倡导和带动下国内排序论的理论研究和应用研究有了较大的发展。1990 年全国第一次排序论学术交流会在上海召开,会议期间成立了中国运筹学会排序分会(专业委员会)。30 多年来排序分会开展学术交流、举办研讨班;推广国际上采用的三参数表示,推进排序论研究的正规化;编辑和修订"英汉排序与调度词汇",促进排序论术语统一,以利于国内外学术交流。

编辑"英汉排序与调度词汇",是排序分会多年以来一直在提倡和推进的工作。科学用词,不但需要对中文和英文两种文字的扎实基础,更需要对于其在排序与调度的学术内涵和外延上的准确理解,还要考虑使用的习惯和方便,同时需要不断地改进和修改。经过排序分会多次讨论和反复修改,列出英文用词相应不止一种的中文用词,经过比较,确定合适的中文译名;排序论术语逐步统一,是学科成熟的标志,也是学术交流的需要。近年来"英汉排序与调度词汇"还作为《排序与调度丛书》各册的附录 A 与丛书一起出版。因此,在"英汉排序与调度词汇"的基础上编写一本《排序与调度辞典》就尤为重要。正是在这样的背景下,结合丛书每册书后的索引,我们编写这册《排序与调度辞典》,水到渠成,《排序与调度丛书》完美收官。

　　本辞典是解释排序与调度条目的工具书,收录条目 638 条,涉及运筹、管理和计算机等多门学科。每个条目列出执笔人和校阅人,以增强责任感,文责自负。本书的附录 B 是"排序与调度文献",收录已经公开发表的国内外 4279 条排序与调度文献(扫二维码可获得)。只要书籍和期刊有正式的书号和刊号,我们都收录。

　　在此书出版后我们仍然会继续编辑排序与调度条目和文献。如果要增加条目和文献,请按地址 gctang@sspu.edu.cn 给我们发 E-mail,我们收到后会给予答复,并提供最新版本的电子文件。

作　者

2022 年 5 月

目　录

一、基础篇 •• 1

  （一）排序与调度 •• 5

  （二）机器 ••• 9

  （三）工件 •• 19

  （四）优化目标 •• 31

二、模型篇 ••• 34

  （五）基本模型 •• 40

  （六）车间调度 •• 58

  （七）多功能机排序 •••••••••••••••••••••••••••••••••• 62

  （八）随机调度 •• 65

  （九）鲁棒调度 •• 70

  （十）排序博弈 •• 78

三、算法篇 ••• 89

  （十一）计算复杂性 •••••••••••••••••••••••••••••••••• 94

  （十二）算法分析 •••••••••••••••••••••••••••••••••••••• 98

  （十三）启发式方法 •••••••••••••••••••••••••••••••••• 105

  （十四）数学规划方法 •••••••••••••••••••••••••••••• 113

  （十五）智能优化算法 •••••••••••••••••••••••••••••• 122

四、应用篇 ••• 135

  （十六）生产系统 •••••••••••••••••••••••••••••••••••••• 142

  （十七）晶圆制造 •••••••••••••••••••••••••••••••••••••• 153

  （十八）服务系统 •••••••••••••••••••••••••••••••••••••• 160

  （十九）物流配送 •••••••••••••••••••••••••••••••••••••• 164

  （二十）公共交通 •••••••••••••••••••••••••••••••••••••• 167

（二十一）医院运营管理 ……………………………………… 174

（二十二）应急调度 …………………………………………… 185

（二十三）其他 ………………………………………………… 190

附录 A　英汉排序与调度词汇 …………………………… 192

附录 B　排序与调度文献 ………………………………… 200

一、基　础　篇

（一）排序与调度

序号	条目	执笔人	校阅人	页码
1	排序与调度	唐国春	韩继业	5
2	安排次序	唐国春	韩继业	6
3	车间调度	高 亮	李新宇	6
4	排序术语的进展	唐国春	韩继业	7
5	三参数表示	张玉忠	唐国春	7
6	经典排序	唐国春	韩继业	8
7	现代排序	唐国春	韩继业	8
8	项目排序	何正文	徐 渝	9
9	数据排序	黄 河	唐国春	9

（二）机器

序号	条目	执笔人	校阅人	页码
10	机器	张玉忠	唐国春	9
11	并行机	谈之奕	刘康生	10
12	同型机	王振波	邢文训	10
13	同类机	康丽英	鲁习文	10
14	非同类机	康丽英	鲁习文	11
15	串行机	黄 河	唐国春	11
16	流水作业	王雄志	王国庆	11
17	同顺序流水作业	黄 河	唐国春	12
18	混合流水作业	唐立新	万国华	12
19	异序作业	王雄志	王国庆	12
20	自由作业	陈荣军	张 峰	13
21	柔性自由车间	白丹宇	张智海	13
22	分布式车间	白丹宇	潘全科	13

序号	条目	执笔人	校阅人	页码
23	批处理机	张　洁	张　朋	13
24	批的浪费空间	贾兆红	李　凯	14
25	差异容量机器	贾兆红	李　凯	14
26	相同容量机器	贾兆红	李　凯	14
27	机器权限	张　安	谈之奕	14
28	服务等级	张　安	谈之奕	14
29	空闲时间	黄　河	唐国春	14
30	资源扩充	胥　军	王军强	15
31	阻塞	白丹宇	潘全科	15
32	机器维护时段	陈　永	谈之奕	15
33	可重叠禁用区间	陈　永	谈之奕	15
34	周期性禁用区间	陈　永	谈之奕	16
35	柔性禁用区间	陈　永	谈之奕	16
36	随机禁用区间	陈　永	谈之奕	16
37	操作禁用区间	陈　永	谈之奕	16
38	机器速率提升的维护活动	林　冉	王军强	16
39	机器加工功率	贾兆红	李　凯	16
40	机器待机功率	贾兆红	李　凯	17
41	机器加工总能耗	贾兆红	李　凯	17
42	加工电力成本	贾兆红	李　凯	17
43	电价函数	贾兆红	李　凯	17
44	分时电价	贾兆红	李　凯	17
45	瓶颈	陈　剑	王军强	17
46	执行瓶颈	陈　剑	王军强	18
47	经济瓶颈	陈　剑	王军强	18
48	平均活跃时间	陈　剑	王军强	18
49	瓶颈簇	陈　剑	王军强	18
50	瓶颈能力释放率	陈　剑	王军强	18
51	机器能力界定	陈　剑	王军强	19

（三）工件

序号	条目	执笔人	校阅人	页码
52	工件	张玉忠	唐国春	19

续表

序号	条目	执笔人	校阅人	页码
53	加工时间	黄 河	唐国春	19
54	安装时间	井彩霞	唐国春	20
55	就绪时间	黄 河	唐国春	20
56	权重	万国华	李德彪	20
57	交付期	黄 河	唐国春	20
58	截止期	黄 河	唐国春	20
59	共同交付期	万国华	李德彪	20
60	交付时间窗	黄 河	唐国春	20
61	完工时间	黄 河	唐国春	20
62	流程时间	黄 河	唐国春	21
63	延迟	黄 河	唐国春	21
64	延误	黄 河	唐国春	21
65	提前	黄 河	唐国春	21
66	误工工件	黄 河	唐国春	21
67	误工计数	沈 灏	唐国春	21
68	误工量	桑耀文	王军强	22
69	提前量	桑耀文	王军强	22
70	等待时间	万国华	李德彪	23
71	无等待	白丹宇	潘全科	23
72	运送时间	白丹宇	张智海	23
73	中断	黄 河	唐国春	23
74	中断-继续	黄 河	唐国春	23
75	中断-重复	黄 河	唐国春	23
76	工件恢复	陈 永	谈之奕	23
77	多任务	王 艳	王军强	24
78	分流	潘 芳	王万良	24
79	合流	潘 芳	王万良	24
80	不相容工件簇	井彩霞	张新功	24
81	批量重组	潘 芳	王万良	24
82	加工描述矩阵	潘 芳	王万良	24

续表

序号	条目	执笔人	校阅人	页码
83	加工时间矩阵	潘　芳	王万良	25
84	前后约束	万国华	李德彪	25
85	链约束	井彩霞	张新功	25
86	V 形作业	井彩霞	张新功	25
87	链重入作业	井彩霞	张新功	25
88	重入性	井彩霞	张新功	26
89	可用性约束	万国华	李德彪	26
90	差异尺寸工件	贾兆红	李　凯	26
91	工件拒绝加工惩罚	贾兆红	李　凯	26
92	学习效应	王　艳	王军强	26
93	恶化效应	王　艳	王军强	27
94	多任务增效效应	王　艳	王军强	27
95	多处理机工件	孙　涛	王军强	28
96	刚性工件	孙　涛	王军强	28
97	可塑工件	孙　涛	王军强	28
98	可延展工件	孙　涛	王军强	28
99	工件拆分	录岭法	张利齐	29
100	折扣方案	录岭法	张利齐	29
101	满减折扣方式	录岭法	张利齐	29
102	抹零折扣方式	录岭法	张利齐	29
103	相同折扣方式	录岭法	张利齐	29
104	阶梯式折扣方式	录岭法	张利齐	30
105	混合折扣方式	录岭法	张利齐	30
106	立即接收或拒绝	录岭法	张利齐	30
107	推迟接收或拒绝	录岭法	张利齐	30
108	重新安排	录岭法	张利齐	30
109	位置集合	录岭法	张利齐	30
110	位置区间	录岭法	张利齐	31
111	位置上限	录岭法	张利齐	31
112	多重性	井彩霞	张新功	31

（四）优化目标

序号	条目	执笔人	校阅人	页码
113	正则目标	黄 河	唐国春	31
114	最大完工时间	黄 河	唐国春	31
115	总完工时间	黄 河	唐国春	32
116	总加权完工时间	白丹宇	张智海	32
117	总完工时间平方和	白丹宇	刘朝晖	32
118	总完工时间 k 次方和	白丹宇	张智海	32
119	最大延迟	白丹宇	张智海	32
120	总延误时间	黄 河	唐国春	33
121	误工工件数	沈 灏	唐国春	33
122	总误工量	桑耀文	王军强	33
123	总提前量	桑耀文	王军强	33
124	最大送达时间	白丹宇	张智海	33

（一）排序与调度

序号	条目	执笔人	校阅人
1	排序与调度	唐国春	韩继业

    scheduling 是指为加工若干个工件（job）或者完成若干项任务（task），而对包括机器（machine）或者处理机（processor）在内的人、财、物等资源，按时间进行分配和安排。在数学和管理科学中把 scheduling 译成排序，在计算机科学和工业工程中译成调度。但是，用排序或调度作为 scheduling 的中文译名都只是描述了 scheduling 的一个侧面。scheduling 既有分配（allocation）的含义，即把被加工的对象"工件"分配给提供加工的对象"机器"以便进行加工；又有排序的功能，包括安排被加工对象"工件"的次序和安排提供加工对象"机器"的次序；还有调度的效果，即把"机器"和"工件"按时间进行调度。"工件"何时就绪，何时安装，何时开始加工，何时中断加工，何时更换"工件"，何时再继续加工原"工件"，直到何时结束此"工件"的加工；"机器"何时就绪，何时进行加工，何时空闲（idle），何时更换"机器"，等等。

	这些都是按时间进行最优的分配、排序和调度。因此,把 scheduling 译成**排序与调度**是比较合适的。此外,排序与调度默认的含义是机器排序(machine scheduling)。除机器排序之外,还有项目排序(project scheduling)和数据排序(data sorting)。		
2	安排次序	唐国春	韩继业
	从词性和词义上来分析,sequence(次序)的动名词 sequencing 可以译成**安排次序**;而 schedule(时间表)的动名词 scheduling 可以译成安排时间表。从最优化的角度来讲,安排时间表(scheduling)是为完成若干项任务(如要加工若干个工件),而把所需要用到的人、财、物等资源(如加工工件所需要的机器)按时间进行最优的分配、排序和调度。sequencing 是一种特殊的 scheduling,是只要确定工件的次序就完全确定了加工的时间表问题,是所谓分配问题,是数学规划问题。我们建议把 sequencing 译成安排次序,不要译成排序;建议把 scheduling 译成排序与调度。在不至于混淆和产生歧义的情况下,可以把 sequencing 和 scheduling 都译为排序,那是尊重使用的习惯和方便,但千万不要混淆 sequencing 和 scheduling。		
3	车间调度	高亮	李新宇
	车间调度(shop scheduling)通常被定义为在一定的约束条件下,把有限的资源在时间上分配给若干个任务,以满足或优化一个或多个性能指标。车间调度的目的不仅是要对任务排序,还要获得各个任务的开始或结束时间。因为在多个任务的开始时间之间可以插入无限的空闲时间。通常假设每个任务都按照其最早开始时间进行加工,那么根据任务的一个排序及工艺约束就可以确定一个调度方案。经典车间调度问题可表示为:n 个工件在 m 台机器上加工,一个工件可以有多道加工工序,每道工序可在若干台机器上加工,但须按照可行的工艺次序进行加工,每台机器可以加工若干工序,且不同机器上加工的工序集可以不同。车间调度问题的分类方法有很多。根据工件和机器构成不同,车间调度问题可分为:单机调度问题、并行机调度问题、开放车间调度问题、流水车间调度问题、作业车间调度问题等。同时,车间调度是一类非常复杂的组合优化问题,要考虑任务、环境、目标等多方面的要求,因此,通常车间调度问题具有复杂性、不确定性、离散性、多约束性、多目标性等特点。		

4	排序术语的进展	唐国春	韩继业

在 scheduling 英文文献中有时也使用 processor(处理机)而不使用 machine(机器);使用 task(任务)而不使用 job(工件),不过明显的趋势是使用"机器"和"工件"。关于**排序术语的进展**(progress of scheduling terms),早在 1974 年 Baker 就指出:"排序领域内许多早期的工作是在制造业推动下发展起来的,所以在描述排序问题时很自然会使用制造业的术语。虽然排序问题在许多非制造业的领域内取得了相当有意义的成果,但是制造业的术语仍然经常在使用。因而,往往把资源称为机器,把任务称为工件。有时工件可能是由几个先后次序约束相互联系着的基本任务所组成。这种基本任务称为工序。例如,对门诊患者到医疗诊所看病的排序问题也描述成为'工件'在'机器'上'加工'的过程。"排序论中的机器和工件已经不是机器制造业中的车床和车床加工的螺丝,已经从车床和螺丝等具体事物中抽象出来,是抽象的概念。机器和工件的关系与车床和螺丝的关系是一般与特殊、抽象与具体、理性与感性、理论与经验、概念与感觉的关系。正好比水果是从香蕉、苹果等具体事物中抽象出来,水果可以是香蕉、苹果等,排序论中的机器可以是数控机床、计算机中央处理器(CPU)、医生、机场跑道等,工件可以是零件、计算机终端、患者、降落的飞机等。例如,计算机科学中并行计算机的出现,促进排序论中对多台并行机(prallel machine)的深入研究;反过来,排序论中的并行机可以应用到具体的计算机科学的并行计算机中去,并行机排序的成果在一定程度上推动并行计算机的发展。

5	三参数表示	张玉忠	唐国春

1967 年 Conway、Maxwell 和 Miller 提出用 4 个参数表示排序问题。1979 年 Graham、Lawler、Lenstra 和 Rinnooy Kan 等提出**三参数表示**(three-field notation) $\alpha \mid \beta \mid \gamma$,其中 α 描述机器环境(machine environment),β 描述工件特性(job characteristics),γ 描述优化的目标函数(objective function)。如 $\alpha=1$ 表示单台机器(single machine),或称单机;$\alpha=P$ 表示同型机(identical machine),$\alpha=Q$ 表示同类机(uniform machine)和 $\alpha=R$ 表示非同类机(unrelated machine);$\alpha=F$ 表示流水作业(flow shop),$\alpha=O$ 表示自由作业(open shop),$\alpha=J$ 表

示异序作业(job shop);$\beta=r_j$ 表示工件的就绪时间可以不相同,$\beta=$ on-line 表示在线排序,$\beta=$ pmtn 表示工件加工过程中加工允许中断;$\gamma=C_{max}$ 表示目标函数是最大完工时间(makespan),$\gamma=\sum C_j$ 表示目标函数是总完工时间(total completion time),$\gamma=\sum w_j C_j$ 表示目标函数是加权总完工时间(total weighted completion time)。例如:$Pm\mid$ pmtn, $r_j\mid\sum C_j$ 表示 m 台同型机、加工允许中断、工件的就绪时间可以不相同、优化的目标是使总完工时间为最小的排序问题。

| 6 | 经典排序 | | 唐国春 | 韩继业 |

1993 年 Lawler、Lenstra、Rinnooy Kan 和 Shmoys 等在《排序与调度:算法和计算复杂性》(*Sequencing and scheduling : algorithms and complexity*)一文中提出**经典排序**(classical scheduling)的 4 个基本假设。①资源的类型。机器是加工工件所需要的一种资源。一台机器在任何时刻最多只能加工一个工件;一个工件在任何时刻至多在一台机器上加工。②确定性。排序问题的所有(输入)参数都是事先知道的和完全确定的。③可运算性。经典排序是可以在运算的层面上研究排序问题,而不去顾及诸如如何确定工件的交货期,如何购置机器和配备设备等技术上可能发生的问题。④单目标和正则性。排序的目的是使衡量排序好坏的单个目标函数的函数值为最小,而且这个目标函数是工件完工时间的非降函数,也称为正则目标(regular criterion)。

| 7 | 现代排序 | | 唐国春 | 韩继业 |

现代排序(modern scheduling)又称**新型排序**(new classes of scheduling),是 Brucker 和 Knust 在《排序问题中的复杂结果》(*Complexity results of scheduling problems*)中提出的,是相对于经典排序而言的,其特征是突破经典排序的基本假设。关于经典排序资源类型的基本假设的突破,有成组分批排序、同时加工排序、不同时开工排序和资源受限排序等。关于经典排序确定性的基本假设的突破,有可控排序、随机排序、模糊排序和在线排序等。关于经典排序可运算性的基本假设的突破,在考虑了实际应用中有关的情况和因素时,就是应用排序(applied scheduling)问题,如人员排序(employee scheduling)。关于经典排序单目标和正则性的基本假设的突破,有多目标排序、准时排序和窗时排序等。这 10 种经过推广的排序(可控排

	序、成组分批排序、在线排序、同时加工排序、准时排序和窗时排序、不同时开工排序、资源受限排序、随机排序、模糊排序、多目标排序)构成现代排序论的主要内容。此外,还有许多不断涌现的新型排序,如考虑运输/通信延误的排序(scheduling with transportation/communication delays)、多台机器同时加工工件的排序(scheduling multiprocessor jobs)等。		
8	项目排序	何正文	徐渝
	项目排序(project scheduling)由活动、资源和目标三要素构成,用以求解项目活动的时间安排,以实现特定的目标要求。其结果是生成项目进度计划及相应的资源配置方案,进而为项目的实施提供指导。在三要素中,活动分为具有零时滞结束-开始的优先关系或一般网络的优先关系,其执行可以是单模式或多模式,允许中断或不允许中断等;资源分为可更新的(可恢复的、使用性的)资源、不可更新的(不可恢复的、消耗性的)资源或双重约束(受限制的)资源等;优化目标有工期最小、净现值最大、资源均衡、成本最小或多重目标如时间-费用权衡等。三要素基于现实情况的不同组合而形成不同的项目排序问题。若某些参数在项目进行过程中发生变化,便形成不确定型项目排序问题。项目排序的数学模型多为数学规划,常用的求解算法分为精确算法(如分支定界算法)和启发式算法(如模拟退火、禁忌搜索、遗传算法等)两大类。		
9	数据排序	黄河	唐国春
	数据排序(data sorting)又称为整序,是把一些数据、"元素"(或者"工件")按照某种要求安排次序。例如冒泡排序和快速排序等。相比机器排序(machine scheduling),数据排序是较为特殊的一类排序问题,是对数据安排次序,并不涉及"机器"的因素。		

(二)机器

序号	条目	执笔人	校阅人
10	机器	张玉忠	唐国春
	机器(machine)是加工工件或者是完成任务所需要的资源;亦称		

为处理机(processor)。机器可以分成两大类:(通用)并行机和(专用)串行机。对于加工不允许中断的情况,工件在 m 台并行机上的加工是只需要在这 m 台机器中的任何一台机器上加工一次;工件在 m 台串行机上的加工是需要在这 m 台机器中的每一台机器上都加工一次。并行机分成 3 类:同型机、同类机和非同类机。串行机的作业方式也分为 3 类:流水作业、自由作业和异序作业。

11	并行机		谈之奕	刘康生

　　并行机(parallel machine)是加工工件的功能基本相同的机器,每个工件只需要在这些机器中的任何一台上加工一次。依据工件在机器上加工的情况,并行机分为同型机、同类机和非同类机 3 类。并行机还可作为复杂机器环境的组成部分。例如,流水作业中某道工序的加工机器可以是多台并行机,称为混合流水作业(hybrid flow shop)。

12	同型机		王振波	邢文训

　　同型机(identical machine)是对工件的加工完全相同的(identical)并行机,亦即机器的型号是相同的。因而,一个工件在不同的同型机上的加工时间都相同,也可以说所有的同型机加工同一个工件的速度都相同。默认的并行机通常是指同型机。在同型机排序中,常用的优化目标是最小化最大完工时间。对于这个目标,即使只有两台机器的同型机排序问题也是 NP-困难的,因此通常研究其近似解。常用的近似算法有列表排序(list scheduling,LS)算法和最长加工时间(longest processing time,LPT)算法。列表排序算法是把工件排成一个序列,每当机器有空闲,加工未加工工件中排在最前面的工件,直到所有工件都加工完。列表排序算法不需要知道还没有加工工件的信息,所以这种算法对于在线排序也可以采用。如果工件是按照加工时间非增的次序排列,那么相应的算法就称为 LPT 算法。

13	同类机		康丽英	鲁习文

　　同类机(uniform machine)是工件在不同机器上的加工时间可以不同,但却是成比例的并行机。这个比例因子就是机器加工工件的"速度",即机器对不同工件的"适应程度"是一致的(uniform)。当机器的型号比较新时,其加工所有的工件都比较快。这时机器的型号可能不同,但是类型是相同的。更确切地定义,m 台并行机,如果工件 j $(j=1,2,\cdots,n)$ 在其中一台机器上的加工时间是 p_j,那么对所有的机器 $i(i=1,2,\cdots,m)$,存在 s_i(称为机器 i 的加工速度),使得工

件 j 在机器 i 上的加工时间是 $p_{ij}=p_j/s_i$ 就称为同类机。如果所有的 $s_i=1$，此时的并行机就是同型机。

在同类机排序中，常用的优化目标是最大完工时间。由同型机可知，对于使最大完工时间为最小的同类机排序是 NP-困难的。借助 LPT 算法，改进的 LPT 算法和线性规划松弛算法可以得到此问题的常数因子的近似算法。

14	非同类机		康丽英	鲁习文

非同类机（unrelated machine）是工件在不同机器上的加工时间可以不同，也不成比例，而与机器加工工件的"速度"无关（unrelated）的并行机。这时机器 i 加工工件的速度与工件 j 有关，应该表示为 s_{ij}。如果 $s_{ij}=s_i$ 对所有的 i 和 j 都成立，此时的并行机就是同类机。

在非同类机排序中，常用的优化目标是最大完工时间和总完工时间。由同型机可知，对于使最大完工时间为最小的非同类机排序是 NP-困难的。当机器台数为固定值时，利用线性规划松弛算法可以得到此问题的 2-近似算法。对于使总完工时间为最小的非同类机排序，可以转化为具有偶图（二部图）匹配结构的 0-1 整数规划，可以给出此问题的多项式时间算法。

15	串行机		黄河	唐国春

串行机（shop machine）又称为多工序机（multi-operation machine），是工件在两台或者两台以上都要分别加工的机器。如果把工件在一台机器上加工看成是一个工序（operation）的话，那么工件在串行机上加工是多工序（multi-operation）的。按照工件在每台机器上加工的次序不同，串行机的作业方式分为流水作业、异序作业和自由作业 3 类。

16	流水作业		王雄志	王国庆

流水作业（flow shop）是两个及两个以上工件以相同的特定的机器次序在两台及两台以上机器上加工的排序问题，用三参数表示为 $Fm|\beta|\gamma$，其中 F 表示流水作业，m 为机器的台数。不失一般性，流水作业工件集 J：$\{J_1,J_2,\cdots,J_n\}$ 的每个工件 J_j 都按照机器集 M：$\{M_1,M_2,\cdots,M_m\}$ 中机器的下标次序 $\{1,2,\cdots,m\}$ 在这 m 台机器上依次加工。每个工件的工序个数都是 m。流水作业大多是 NP-困难的，只有少数特殊情形是多项式时间可解的。

17	同顺序流水作业	黄河	唐国春

　　同顺序流水作业（permutation flow shop）又称为同序作业,是一种特殊的流水作业,是指工件在每一台机器上加工的次序都是相同的流水作业。20 世纪 70 年代初,越民义和韩继业研究了同顺序流水作业排序（当时称为同顺序 $m \times n$ 问题）。他们发表在《中国科学》上的著名论文,开创了中国研究排序论的先河。在他们两位的倡导和带动下,此后国内的排序论的理论研究和应用研究有了很大的进展。

　　虽然同顺序流水作业排序不一定是最优排序,但是它不仅可以简化问题的求解,而且在实际应用中更容易执行和管理。进一步,如果我们把同顺序流水作业推广到自由作业、异序作业或者柔性作业上,也可以得到同顺序的其他排序问题。

18	混合流水作业	唐立新	万国华

　　混合流水作业（hybrid flow shop）指包含 s 个加工阶段（工序）,而且每个加工阶段 i 有 $m_i \geqslant 1$ 台并行机,但至少有一个加工阶段的并行机数 $m_i \geqslant 2$（$i=1,2,\cdots,s$）。这些并行机可以是同型机、同类机或非同类机。每个待加工的工件 j（$j=1,2,\cdots,n$）依次经过这 s 个加工阶段,且工件在作业中的流程是单一方向的。在每个阶段,每个工件只能在一台机器上加工,而一台机器一次至多加工一个工件。混合流水作业问题的目标是决定每一阶段处理工件的机器分配及该机器上工件的加工次序和开始加工时间,使得给定的目标函数最小。

　　如果 $s=1$ 且 $m_i=1$,则是单机排序;如果 $s=1$ 且 $m_i>1$,则是并行机排序;如果 $s>1$ 且 $m_i=1$,则是流水作业。

　　混合流水作业是流水作业排序和并行机排序的扩展,又称为具有多台并行机的流水作业或柔性流水线问题,是一类复杂的作业排序问题。与经典流水作业相比,混合流水作业的某些加工工序上存在并行机,因此混合流水作业具有并行机排序问题的特征,其求解较经典流水作业排序问题更为困难。这类问题在流程工业中如钢铁、化工等工业中比较常见。

19	异序作业	王雄志	王国庆

　　异序作业（job shop）是两个及两个以上工件以各自特定的机器次序在两台及两台以上机器上加工的排序问题,用三参数表示为 $Jm|\beta|\gamma$,其中 J 表示异序作业,m 为机器的台数。异序作业中每个工

	件以各自特定的机器次序加工,而且工序的数目可以不相同,可以小于 m。异序作业大多是强 NP-困难的,主要通过近似算法或启发式算法求解。流水作业是一种特殊的异序作业。自由作业可以理解成"松弛"的异序作业。		
20	自由作业	陈荣军	张峰
	自由作业(open shop)是两个及两个以上工件依次在机器次序并不指定的两台及两台以上机器上加工的排序问题,用三参数表示为 $Om\|\beta\|\gamma$,其中 O 表示自由作业,m 为机器的台数。每台机器上加工所有工件的次序和每个工件被所有机器加工的次序都是自由作业要决策的。自由作业大多都是 NP-困难的,只有少数情形是多项式时间可解的。		
21	柔性自由车间	白丹宇	张智海
	柔性自由车间(flexible open shop)又称为柔性开放车间,是由一系列处理阶段构成的,每个阶段有多个并行处理器,其中某些阶段可能只有一个处理器,但至少有一个阶段存在两个及两个以上的并行处理器。每项任务经过各阶段的顺序并不固定,待处理的任务可以在某阶段中的任意一个处理器上执行。在同一时刻,每个处理器只能执行一项任务,并且每项任务只能被一个处理器执行。柔性自由车间调度是经典的并行机调度与自由车间调度问题的融合与扩展,集排序和分配为一体,应用前景非常广阔。车辆服务、医疗管理等行业的检测维修、导诊导检等环节都可归结为柔性自由车间调度模型。		
22	分布式车间	白丹宇	潘全科
	系统中存在多个结构功能类似的并行加工单元(车间),可以同时处理若干任务,称为**分布式车间**(distributed shop)。与经典车间调度相比,分布式车间调度不但要考虑如何把任务分配给车间,而且还要对每个车间的任务进行调度。按照车间的不同类型可以分为分布式流水车间、分布式开放车间、分布式作业车间。		
23	批处理机	张洁	张朋
	批处理机(batching machine)是指可以同时加工多个工件的机器。这些同时被加工的工件组成了一个批次。根据每个批次中工件加工方式的不同,可以分为串行批处理机和并行批处理机。串行批处理机中每个批次里的工件是按照串行的方式被加工,所以一个批次的加工时间等于所有工件的加工时间之和;并行批处理机中每个批次里		

	的工件是同时被加工的,所以一个批次的加工时间等于批次中所有工件加工时间中的最大者。		
24	批的浪费空间	贾兆红	李凯
	批的浪费空间(wasted space of batch)是指在并行分批排序问题中,当机器容量有界,工件带有不同尺寸或不同加工时间时,批中产生的未占用空间。批 B_k 的浪费空间记为 Z_k。在工件到达时间为 0 时,Z_k 等于加工 B_k 的机器容量与批的加工时间的乘积减去 B_k 中所有工件的尺寸及其加工时间的乘积。		
25	差异容量机器	贾兆红	李凯
	差异容量机器(non-identical capacity machines 或者 machines with non-identical capacities)是指在 m 台并行处理机的排序问题中,并行批处理机具有不同的容量。		
26	相同容量机器	贾兆红	李凯
	相同容量机器(identical capacity machines 或者 machines with identical capacities)是指在并行处理机的排序问题中,每台并行批处理机都具有相同的容量。		
27	机器权限	张安	谈之奕
	多功能机的特点可以刻画为**机器权限**(machine eligibility),即在某个工件的加工集合中的机器视为有权限加工该工件,不在加工集合中的机器则没有权限加工该工件。		
28	服务等级	张安	谈之奕
	服务等级(grade of service,GoS),也称为**等级**(hierarchy),是赋予在机器和工件上用于刻画加工权限的数字。具体来说,一台机器可以加工某个工件当且仅当该机器的等级不超过这个工件的等级。m 台并行机至多有 m 个不同等级,因此通常用数字 1,2,$\cdots$,k($k \leqslant m$)来表示机器或工件的等级。工件的等级为 k 表示该工件的加工集合由等级不超过 k 的机器构成。在有等级的排序中,不同工件的加工集合之间呈两两包含关系,因此称为包含型或等级型加工集合。		
29	空闲时间	黄河	唐国春
	如果机器正在加工工件,那么称此机器是不空闲的;反之,如果机		

器不在加工工件,则称此机器是空闲的。机器 M_i 的**空闲时间**(idle time)等于其加工最后一个工件的完工时间(最大完工时间)减去所有的加工时间,即 $I_i = C_{\max} - \sum_{j=1}^{n} p_{ij}$,最大空闲时间 $I_{\max} = \max\{I_i \mid 1 \leqslant i \leqslant m\}$,平均空闲时间 $\bar{I} = \frac{1}{m} \sum I_i$。

30	资源扩充	胥军	王军强

　　资源扩充(resource augmentation)是一类通过资源扩充的方式进行约束松弛并决策扩充资源类型及数量的问题。具体地,针对原问题进行资源扩充约束松弛,分析资源扩充前后对优化目标产生的影响。进一步考虑资源投入成本,均衡投入产出性能,优化资源的投入量。在生产车间加工和快递配送服务中,存在资源扩充应用场景。在生产车间加工中,通过增加机器台数、加快机器速度、扩大批处理机容量等资源扩充方式,加快生产进程;在快递配送服务中,通过增加配送员、提升配送速度、增加配送箱的容量等资源扩充方式,提升用户服务满意度。

31	阻塞	白丹宇	潘全科

　　在车间调度中若处理相邻两道工序的机器之间缓存容量已满,则上游机器上已完工的工件无法进入缓冲区等待,只能继续占用该机器直至下游机器空闲为止,此现象称为**阻塞**(block)。通常,在工件体积较大或者工序之间需要运输衔接的情况下会发生阻塞现象。

32	机器维护时段	陈永	谈之奕

　　机器维护时段(machine maintenance period)又称为机器禁用时段(machine non-availability period),是指由机器的突发故障(breakdown)、定期维护(regular maintenance)或器具的更换(tool change)等因素造成的机器不可被使用的时间段。所谓机器"不可被使用",是指机器不允许加工或停止加工任何工件。机器维护时段完全由其开始时刻和持续时长决定。

33	可重叠禁用区间	陈永	谈之奕

　　根据不同机器上的禁用区间是否允许重叠,分为**可重叠禁用区间**(overlapping non-availability period)和**不可重叠禁用区间**(non-overlapping non-availability period)。它们刻画系统是否为禁用区间配备了充足的资源(如维护机器的人员、工具等)。

34	周期性禁用区间	陈永	谈之奕
	若每经过固定时长就发生一个机器禁用区间,则称为**周期性禁用区间**(periodic non-availability period)。它刻画了系统定时、周期性维护机器的情景。		
35	柔性禁用区间	陈永	谈之奕
	柔性禁用区间(flexible non-availability period)是指禁用区间的持续时长固定,但其开始时刻不固定。一般机器至多连续加工到某固定时长则必须禁用。它刻画了机器维护由决策者参与的情景。		
36	随机禁用区间	陈永	谈之奕
	若禁用区间的开始时刻或持续时长都是随机变量,则称为**随机禁用区间**(random non-availability period)。		
37	操作禁用区间	陈永	谈之奕
	操作禁用区间(operator non-availability period)与机器禁用区间的主要区别在于,在操作禁用区间内机器不允许开工或停止任何工件但可以加工工件,即允许一个工件在操作禁用区间开始前开工、结束后完工。通常称这样的工件为一个跨越(crossover)工件。		
38	机器速率提升的维护活动	林冉	王军强
	机器速率提升的维护活动(rate-modifying maintenance activity, RMA)是指通过机器维护以提升机器加工速率的维护活动,具体表现为工件加工时间在机器维护活动后变短。RMA 定义如下:如果工件 J_j 在机器执行维护活动前加工时间为 p_j,则在执行维护活动后加工时间变为 $\alpha_j p_j$,其中 α_j($0 < \alpha_j \leqslant 1$)为工件加工速率提升因子(rate-modifying factor)。RMA 关注工件加工时间在机器维修前后发生的改变,拓展经典维护活动前后机器加工速度不变的假设。机器速率提升维护活动常见于现实的工业场景,例如在电子组装系统中表面贴装的收放喷嘴的维护活动。		
39	机器加工功率	贾兆红	李凯
	机器加工功率(processing power of machine)是指机器在加工状态下单位时间内所做的功。		

40	机器待机功率	贾兆红	李凯

当机器不加工工件即处于空闲状态时,通常不会断电,而是通过消耗一个较低的功率来保持待机状态。**机器待机功率**(idle power of machine)是指在加工过程中,机器在待机状态下,即处于空闲状态下单位时间内所做的功。

41	机器加工总能耗	贾兆红	李凯

机器加工总能耗(total energy consumption of machine)是指机器在加工过程中,加工期间与待机期间的能耗之和。机器 M_i($i=1$,$2,\cdots,m$)的总能耗等于 M_i 的加工功率 φ_i 乘以 M_i 的总加工时间加上待机功率 ψ_i 乘以 M_i 的总待机时间。

42	加工电力成本	贾兆红	李凯

加工电力成本(total electricity cost)是指加工过程中基于电价函数所有机器在加工状态与待机状态产生的电费之和。在多目标决策及碳中和新背景下,企业决策者也会关心时间性能指标之外,与能源成本、碳排放量等相关的指标。

43	电价函数	贾兆红	李凯

电价函数(electricity price function)是指机器在生产加工过程中,使用电力而产生的费用函数。电价函数是影响生产制造过程产生的电力成本的关键因素之一,而且工业用电价格会因时因地而不同,通常采用 $f(t)$ 表示电价函数。

44	分时电价	贾兆红	李凯

分时电价(time-of-use electricity price)是指将一天 24 小时划分为若干个时段,每个时段按系统运行的平均边际成本收取电费。分时电价可以使得电力用户移峰填谷、优化用电方式。由于国内用电负荷与气温变化呈正相关关系,因此高耗能的工业企业按照分时电价信号积极调节用电方式,可以有效降低设备总能耗和加工电力成本。

45	瓶颈	陈剑	王军强

瓶颈(bottleneck)是对生产系统性能影响最大的某个或某些资源,既可以是系统中机器、人员、工具、物料、缓冲区、车辆等有形资源,也可以是管理政策、市场等无形资源,其产出与损失决定了整个生产

系统的产出与损失。立足瓶颈并改善瓶颈,能够提升系统整体的性能。生产系统瓶颈在数量上不一定是单一的,也可能存在多瓶颈现象,并随时间推移可能存在瓶颈与非瓶颈的转化,即瓶颈漂移现象。从瓶颈的层级看,瓶颈可分为规划层的结构瓶颈、运作层的计划瓶颈和执行层的执行瓶颈。

46	执行瓶颈		陈剑	王军强

　　执行瓶颈(execution bottleneck,EB)是对系统调度性能影响最大的资源。调度性能指标包含成本、效益、有效产出、最大完工时间、能力利用率、提前拖期、加权完工时间等指标。执行瓶颈出现在执行层,强调瓶颈的支配作用,不局限于正面影响或者负面影响。

47	经济瓶颈		陈剑	王军强

　　经济瓶颈(economic bottleneck,EB)是对系统经济效益影响最大的资源。不同于系统产出相关的瓶颈,经济瓶颈是从系统经济效益的角度出发,根据"效益-时间"等衡量指标,将瓶颈与系统效益表现相关,拓展了瓶颈的影响维度,有助于提高企业的经济效益。

48	平均活跃时间		陈剑	王军强

　　平均活跃时间(average duration,AD)是指机器上平均连续工作时间的时长,其等于机器上连续工作时间累加和与连续工作时间段数量之比。平均活跃时间是辨识异序作业、自由作业等复杂系统中瓶颈的一个有效指标。当机器的活跃时间段发生变化时,可通过识别机器活跃时间段的漂移来辨识瓶颈的漂移。

49	瓶颈簇		陈剑	王军强

　　瓶颈簇(bottleneck cluster,BC)是具有高度相似性的瓶颈的集合,其中瓶颈簇阶次(order)最高的为主瓶颈簇(primary bottleneck cluster,PBC)。在不同时间段内,瓶颈簇会发生漂移现象,发生漂移的瓶颈簇称为漂移瓶颈簇(shifting bottleneck cluster,SBC)。另外,由于扰动引起生产系统中瓶颈簇发生变动的瓶颈簇称为动态瓶颈簇(dynamic bottleneck cluster,DBC)。

50	瓶颈能力释放率		陈剑	王军强

　　瓶颈能力释放率(bottleneck capacity release ratio,BCRR)是瓶颈利用程度的控制参数,一定程度上反映了调度方案的鲁棒性。基于

	瓶颈能力释放率,设定瓶颈的利用程度,预留瓶颈保护能力,进而保证调度优化方案的正常执行。过大、过小的瓶颈能力释放率都会对调度方案的优化与执行产生较大的负面影响。在实际使用过程中,往往采用瓶颈能力释放区间(bottleneck capacity release interval,BCRI)进行控制。瓶颈能力释放区间表示了瓶颈能力利用对调度方案的影响范围,其变化趋势反映了瓶颈利用对优化方案的影响趋势。		
51	机器能力界定	陈剑	王军强
	机器能力界定(machine capacity partition,MCP)是确定制造资源的无保护能力、无过剩能力、有过剩能力的机器利用边界的问题。通常的方法是考虑不同扰动、不同机器能力释放率下系统性能影响曲线,基于层次聚类获得能力界定特征簇结构图,进而分析确定机器能力界定方案。机器能力利用边界分为三个阶段:第一,无保护能力阶段,机器因其能力不足而限制了整个制造系统的有效产出而成为系统的瓶颈,瓶颈能力的提升会显著影响系统的有效产出;第二,无过剩能力阶段,当增加瓶颈机器能力到一定水平后,瓶颈将发生转移,机器能力的提升会增加系统的有效产出,但增加幅度不大;第三,有过剩能力阶段,当非瓶颈能力继续增加出现过剩能力的时候,系统的有效产出将不随非瓶颈能力增加而变化。通过机器能力界定得到制造资源的无保护能力、无过剩能力、有过剩能力利用,辅助进行瓶颈产能提升、非瓶颈过剩能力再利用等决策。		

(三)工件

序号	条目	执笔人	校阅人
52	工件	张玉忠	唐国春
	工件(job)是被加工的对象,或者是要完成的任务,通常用 J_j 来表示。工件 J_j 在 m 台串行机的机器 M_i 上的一次加工称为一个工序(operation),记为 O_{ij}。		
53	加工时间	黄河	唐国春
	工件的**加工时间**(processing time)又称为服务时间(service time)或执行时间(execution time),是指工件 J_j 在机器 M_i 上加工所需的非负时间,一般用 p_{ij} 来表示。		

54	安装时间	井彩霞	唐国春
	安装(setup)是工件在加工前所需要进行的准备、设置或者调整；安装所需要的时间和费用称为**安装时间**(setup time)和安装费用(setup cost)。		
55	就绪时间	黄河	唐国春
	就绪时间(ready time)又称为到达时间(arrival time)、准备完毕时间或释放时间(release time)，是指工件 J_j 可以开始加工的时间，并用非负数 r_j 来表示。如果机器在开始加工时工件 J_j 已经可以被加工，则表示为 $r_j = 0$。		
56	权重	万国华	李德彪
	权重(weight)或者权，是工件 J_j 的重要性或优先级的数量表示。		
57	交付期	黄河	唐国春
	交付期(due date)、交货期、应交付期限或工期，是工件 J_j 加工应该完工的时刻，通常用 d_j 表示交付期。如果工件 J_j 需要加工多次，即这个工件有多个工序，那么这个工件的所有工序都应该在交付期之前完工。		
58	截止期	黄河	唐国春
	截止期(deadline)是工件 J_j 加工必须完工的时刻。		
59	共同交付期	万国华	李德彪
	共同交付期(common due date)是指所有工件有一个相同的交付时间点。		
60	交付时间窗	黄河	唐国春
	交付时间窗或窗时交付期(due window)，是指工件 J_j 加工应该完工的时间区间，通常用 $[d_j{}^1, d_j{}^2]$ 表示。若工件在交付时间窗 $[d_j{}^1, d_j{}^2]$ 内完工，则不必支付额外费用；若完工时间不在交付时间窗内，则要支付额外费用。		
61	完工时间	黄河	唐国春
	完工时间(completion time)是工件 J_j 加工完成的时刻，通常用 C_j 表示。		

62	流程时间		黄河	唐国春

    流程时间（flow time）也称为运行时间，是工件从加工开始到加工完成的时间。通常用 F_j 表示工件 J_j 加工的流程时间，那么 $F_j = C_j - r_j$。

63	延迟		黄河	唐国春

    延迟（lateness）是指工件 J_j 的完工时间 C_j 对于工件的交付期 d_j 的滞后。如果用 L_j 表示工件 J_j 的延迟时间，那么 $L_j = C_j - d_j$。当 L_j 的数值大于零，则表示工件的完工是迟于工件交付期的；当 L_j 的数值小于零，则表示工件的完工是早于交付期的。通常认为加工提前完成是"应该"的，而在交付期之后完工是要计算额外费用的。这就引出下面延误的概念。

64	延误		黄河	唐国春

    为了计算工件 J_j 在交付期 d_j 之后加工才完成的时间损失，定义工件 J_j 的**延误**（tardiness）$T_j = \max\{L_j, 0\}$。

65	提前		黄河	唐国春

    为了计算加工提前完工的时间，定义工件 J_j 的**提前**（earliness）$E_j = \max\{d_j - C_j, 0\} = \max\{-L_j, 0\}$。

66	误工工件		黄河	唐国春

    习惯上把 $L_j > 0$（即 $T_j > 0$）的工件称为**误工工件**（tardy job），并把 $L_j \leqslant 0$（即 $T_j = 0$）的工件称为不误工工件。

67	误工计数		沈灏	唐国春

    如果工件 J_j 的完工时间 C_j 大于该工件的交货期 d_j，那么该工件加工称为误工的；否则，称为不误工的。通常用 U_j 表示**误工计数**（unit penalty）；如果 $C_j \leqslant d_j$，那么 $U_j = 0$；如果 $C_j > d_j$，那么 $U_j = 1$。从而，误工的工件的个数（简称为误工工件数）$N_T = \sum U_j$。在赋予工件的权 w_j 适当的物理量纲后，$w_j U_j$ 可以看成是一次误工（不管误工时间的长短）造成的损失；$\sum w_j U_j$ 又可以称为加权误工工件数。

| 68 | 误工量 | | 桑耀文 | 王军强 |

误工量(late work),又称为误工损失,是指工件在工期后完工部分的加工量,用 Y_j 或 V_j 表示。$Y_j = \min\{\max\{C_j - d_j, 0\}, p_j\}$。当工件在工期之前完工时,误工量为 0;当工件在 d_j 和 $d_j + p_j$ 之间完工时,误工量为 $C_j - d_j$;当工件在 $d_j + p_j$ 之后完工时,误工量为 p_j。误工量的本质是给延误惩罚定义了上界,该上界等于工件加工时间。与延误不同,误工量最多为工件加工时间且不随完工时间增大而增大,而延误则会随着完工时间的增大一直增大。误工量应用的典型场景举例如下:第一,生产交付中误工订单赔偿。逾期完工的订单需要支付一定的惩罚费用。该惩罚费用会随着逾期延长而增加,但不超过逾期订单本身价值。第二,计算机控制系统(computer control system,CCS)中的延迟信息损失。传感器采集信息在控制计算开始前到达视为有效信息,若出现输入延迟信息则视为无效信息。延迟信息导致计算信息的损失,其损失量不超过其本身信息的承载量。第三,易腐品销售中过期产品损失。超过保质期的产品会被直接下架,造成的经济损失为过期产品的价值。

| 69 | 提前量 | | 桑耀文 | 王军强 |

提前量(early work),又称为提前损失,是指工件在工期前完工部分的加工量,用 X_j 表示。$X_j = \min\{\max\{d_j - (C_j - p_j), 0\}, p_j\}$。当工件在工期之前完工时,提前量为 p_j;当工件在 d_j 和 $d_j + p_j$ 之间完工时,提前量为 $d_j - (C_j - p_j)$;当工件在 $d_j + p_j$ 之后完工时,提前量为 0。提前量与误工量 Y_j 之间存在关系为 $X_j = p_j - Y_j$,最大化提前量问题也常被用来辅助求解最小化误工量问题。提前量的本质是给提前惩罚定义了上界,该上界等于工件加工时间。与提前不同,提前量最多为工件加工时间且不会随完工时间变小而增大,而提前则会随着完工时间的变小而增大。提前量的典型应用场景举例如下:第一,准时制生产(just-in-time,JIT)中的物料库存成本。在机器可用前到达的物料需要储存在库存中,产生的库存成本等于提前到达物料的价值。第二,分布式计算中的数据存储成本。提前从服务器传输到计算机的数据需要存储在硬盘中等待计算机可用后再开始计算,产生的存储成本等于提前存储数据的价值。

70	等待时间	万国华	李德彪
	等待时间（waiting time）是工件开始开工的时间与它的就绪时间之差。		
71	无等待	白丹宇	潘全科
	无等待（no-wait）是车间调度中的一种实际需求,规定工件不能在相邻两道工序之间等待。换言之,工件一旦开始加工,就必须连续进行,直到所有工序完成为止。例如,在轧钢过程中,加热至轧制温度的钢坯必须直接送至轧钢机进行加工,不允许等待。否则会引起钢坯温度下降,一旦温度低于轧制温度,就需要重新加热,这样会消耗大量的能源。		
72	运送时间	白丹宇	张智海
	运送时间（delivery time）是产品完成生产环节之后,用车辆运送到客户手中的时间。对于带有运输的调度问题,运送时间应该与处理时间规模大致相同。若处理时间远大于运送时间,则简化为调度问题;反之,则简化为车辆运输问题。		
73	中断	黄河	唐国春
	中断（preemption）或者抢先,指工件的加工还没有完成,而被别的工件"抢先"中断加工,并稍后在原来机器或其他机器上继续加工。		
74	中断-继续	黄河	唐国春
	中断-继续（preempt-resume）又称为可续（性）中断,是工件在加工中断前、后两段加工时间的和,与不中断时一样。		
75	中断-重复	黄河	唐国春
	中断-重复（preempt-repeat）又称为重复（性）中断,指工件加工中断后,稍后在原机器上加工,或者更换在别的机器上加工都必须从头开始。		
76	工件恢复	陈永	谈之奕
	工件恢复（job resumable）是指在机器禁用区间开始前开工,但未能完工的工件在机器重新可用时再次进行加工。若其已加工的部分		

	完全有效、部分有效或无效,则分别称为可恢复(resumable)、半可恢复(semi-resumable)或不可恢复(non-resumable)。		
77	多任务	王艳	王军强
	多任务(multitasking)是指在同一个时间段内执行或处理多个任务。在多任务情形下,多个任务允许来回切换、相互打断,而无须等待当前任务彻底完成。多任务不仅指处理任务的数量为多个,而且指多个任务之间存在交叉处理、交替加工的现象,具有多次中断、频繁切换的特征。多任务最初出现在计算机领域中,是指计算机在特定时间内并行执行多个进程。多任务的另外一个典型场景与人操作相关,通常指人在一个时间段内频繁切换多项活动或者多个操作。		
78	分流	潘芳	王万良
	分流(diffluence)是指因加工工艺需要将同批次的工件拆分成若干批次分别转移加工的形式。		
79	合流	潘芳	王万良
	合流(confluence)是指因加工工艺需要将不同批次工件集结成同一批次转移加工的形式。		
80	不相容工件簇	井彩霞	张新功
	不相容工件簇(incompatible families)是指所有工件分成若干类,不同类的工件不能同批加工,又称为"不相容工件族"或"不相容工件组"。		
81	批量重组	潘芳	王万良
	批量重组(batch recombinant,BR)是指在工件加工过程中,由于加工工艺的需要及考虑加工成本等因素,重新整合工件批次或批量。例如,多数机械加工行业都存在冲、车、铣、刨、磨、钳、装配、油漆和热处理等工序,由于这些工序的特殊性质及机器的不同加工能力和加工节拍,形成了工件品种及批量组成不断合流、分流和重入等的加工组织方式。		
82	加工描述矩阵	潘芳	王万良
	加工描述矩阵(processing description matrix,PDM)是一种采用		

	矩阵描述工件加工工艺路线的数学工具，以便在采用计算机系统排序时它便于读取和识别所有工件的加工次序。		
83	加工时间矩阵	潘芳	王万良
	加工时间矩阵(processing time matrix，PTM)通过构造特殊矩阵$[t_{ij}]_{nm}$给出既定加工次序下加工工件所需时间的表达式，其中矩阵元素t_{ij}表示第i个工件加工第j道工序所需的时间。它和加工描述矩阵一起作为构造排序模型必需的基础数据集。		
84	前后约束	万国华	李德彪
	由于技术要求，工件的加工过程往往不是独立的，其中的一些工序必须在另一些工序完成之后才能开始，这种约束称为**前后约束**(precedence constraint)。		
85	链约束	井彩霞	张新功
	链约束(chain-type precedence constraints 或 chains precedence constraints)也称为并行链约束，是前后约束中最简单的一类，每个工件最多有一个先行工件和一个后继工件。在链约束中，约束形式分为可中断与不可中断两种。其中不可中断是指每条链中的工件必须连续加工，直到此条链中所有的工件加工完毕；可中断则是指在整条链的加工中可以插入链以外的工件，只要不改变链中原来那些工件的先后顺序即可。在三参数表示法中，工件间的链约束关系用"chains"来表示。		
86	V 形作业	井彩霞	张新功
	V 形作业(V-shop)是指工件在 m 台机器上的加工路线为$(M_1，M_2，\cdots，M_{m-1}，M_m，M_{m-1}，\cdots，M_2，M_1)$，即工件依次在 m 台机器上进行加工，然后再按照从后向前的顺序依次在该 m 台机器上加工，酷似字母"V"的形状。		
87	链重入作业	井彩霞	张新功
	链重入作业(chain-reentrant shop)是指工件在 m 台机器上的加工路线为$(M_1，M_2，\cdots，M_m，M_1)$，即工件依次在 m 台机器上进行加工，然后再回到机器 M_1 上加工。这里称机器 M_1 为主机器(primary		

machine），其余为副机器（secondary machine）。虽然该加工路线的定义有别于流水作业，但在三参数表示法中，机器环境采用了流水作业的符号，而把链重入归为了一个工件特征，记为"chain-reentrant"。

88	重入性		井彩霞	张新功

　　重入性（re-entrance）也称为多重入性，是指工件不止一次访问同一台或一组机器。该加工方式打破了经典排序中每台机器只被同一个工件访问一次的假设。在现代排序论中对重入加工方式的处理方法，主要分为两种：一种是定义新的作业方式，如 V 形作业方式和链重入作业方式；另一种是把重入视为工件的一个特点，与经典的作业方式（如流水作业、异序作业等）相结合。

89	可用性约束		万国华	李德彪

　　工件的机器**可用性约束**（availability constraint）是指该工件仅可以由全部机器的某子集合中的机器加工。

90	差异尺寸工件		贾兆红	李凯

　　差异尺寸工件（non-identical-size jobs 或者 jobs with non-identical sizes）是指在并行分批排序问题中具有不同尺寸的工件。工件在分组成批并分配到批处理机上加工时，须满足每个批中工件的尺寸之和不超过加工该批的机器的容量。

91	工件拒绝加工惩罚		贾兆红	李凯

　　工件拒绝加工惩罚（rejection penalty of job）是指工件在被拒绝加工后所产生的惩罚费用。

92	学习效应		王艳	王军强

　　学习效应（learning effect）是指人在不断地重复处理相同或类似任务的过程中，对所处理任务的熟练程度逐渐增加，进而使得任务的实际处理时间逐渐变短的现象。当学习到一定程度后，人能够完全熟练处理任务，则任务的实际处理时间达到最小并保持不变，即学习效应是有限的。根据学习效应影响任务实际加工时间的特征，将任务实际加工时间表示为其开始时间或位置的递减函数。一般来说，任务 J_j 的实际加工时间 p_j^A 刻画为以下几种：（1）指数关系。$p_j^A = p_j r^a$，

	其中，p_j 为任务的基本加工时间，r 为任务的位置，a（$a \leqslant 0$）为学习系数。（2）线性关系。①位置相关，$p_j^A = p_j + a_j r$；②时间相关，$p_j^A = p_j + a_j t$，其中，a_j（$a_j \leqslant 0$）为任务 J_j 的学习系数，t 为任务的开始时间。（3）带阈值的分段线性关系。①位置相关，$p_j^A = p_j + a_j \max\{r - g_j, 0\}$；②时间相关，$p_j^A = p_j + a_j \max\{t - g_j, 0\}$，其中，$g_j$ 表示任务 J_j 学习效应的阈值。		
93	恶化效应	王艳	王军强
	恶化效应（deterioration effect）也称为退化效应（ageing effect）或者疲劳效应（fatigue effect），是指由于机器老化或人的疲劳，处理任务的能力或速度降低，使得任务的实际处理时间逐渐增加的现象。当恶化到一定程度后，机器或人的加工效率达到最低，则任务的实际处理时间达到最长并保持不变，即恶化效应是有限的。在制造业中，夹具、磨具等机器随着使用时间的增加，磨损加重，精度降低，加工零件的实际时间逐渐增加。在服务业中，由于人的精力和专注程度是有限的，长时间集中注意力容易感到疲劳、无聊或者分心，从而工作效率降低，任务的处理速度变慢，实际处理时间变长。根据恶化效应影响任务实际加工时间的特征，任务的实际加工时间是其开始时间或位置的递增函数。一般地，任务 J_j 的实际加工时间 p_j^A 刻画为以下几种：（1）指数关系。$p_j^A = p_j r^{\alpha}$，其中，p_j 为任务的基本加工时间，r 为任务的位置，α（$\alpha > 0$）为恶化系数。（2）线性关系。①位置相关，$p_j^A = p_j + \alpha_j r$；②时间相关，$p_j^A = p_j + \alpha_j t$，其中，α_j（$\alpha_j > 0$）为任务 J_j 的恶化系数，t 为任务的开始时间。（3）带阈值的分段线性关系。①位置相关；$p_j^A = p_j + \alpha_j \max\{r - g_j, 0\}$；②时间相关，$p_j^A = p_j + \alpha_j \max\{t - g_j, 0\}$，其中，$g_j$ 表示任务 J_j 恶化效应的阈值。		
94	多任务增效效应	王艳	王军强
	多任务增效效应（multitasking with efficiency promotion）是在多个任务切换过程中，新鲜感、多样性的增加激发了人的积极性与创造性，进而产生了使得任务的实际处理时间变短的积极作用。其与学习效应的共同点都是任务的实际处理时间缩短，不同点在于学习效应是随着人对所处理任务熟悉程度的增加产生的，而多任务增效效应是		

由多个任务切换带来的激励产生的。多任务增效效应通常发生在以人为主的制造业和服务业中,与疲劳引起的恶化效应同时发生。当人长时间专注于处理一个任务时,由于逐渐疲劳会使得加工效率降低;与此同时,新的任务打断并切换加工,会产生多任务增效效应。

95	多处理机工件		孙涛	王军强

多处理机工件(multiprocessor job)是在同一时刻由多台处理机并行加工的工件。工件的实际加工时间依赖于所使用处理机的数量。机器与工件之间呈现出多对一的加工方式,突破了经典调度中一个工件在同一时刻只能由一台机器加工的工件唯一性限制。根据工件加工过程中对机器数量需求的灵活程度,多处理机工件分为刚性工件、可塑工件和可延展工件三种工件类型。

96	刚性工件		孙涛	王军强

刚性工件(rigid job)属于多处理机工件,如果用于工件加工的机器类型和数量是事先给定且固定不变的,则该工件是刚性工件。刚性工件在加工时,加工机器数量确定,加工时间也是确定的,且在每台机器上的开始时间、加工时间、结束时间均相同。以最小化最大完工时间为目标的刚性工件调度问题是 NP-完全的,不存在近似比优于 3/2 的近似算法。

97	可塑工件		孙涛	王军强

可塑工件(moldable job)属于多处理机工件,如果用于工件加工的机器类型和数量在加工活动开始前确定,且一旦确定在整个加工过程不可改变,则该工件是可塑工件。加工机器数量越多,可塑工件的加工时间越短。在加工可塑工件时,加工机器数量一旦确定,加工时间随即确定,且在每台机器上的开始时间、加工时间、结束时间均相同。以最小化最大完工时间为目标的可塑工件调度问题是 NP-困难的,目前近似算法最好的结果为 5/4。

98	可延展工件		孙涛	王军强

可延展工件(malleable job)属于多处理机工件,如果用于工件加工的机器类型和数量在整个加工过程中可以随时改变,则该工件是可延展工件。可延展工件在加工时,允许根据其他机器空闲程度调整加工机器数量,因此需要决策不同加工时段工件加工所需的机器数量。

	可延展工件加工时间随着加工机器数量的变动而变动,且机器加工的开始时间和结束时间可能不一致,具体由实际调度方案决定。以最小化最大完工时间为目标的可延展工件调度问题是 NP-困难的,目前近似算法最好的结果为 3/2。		
99	工件拆分	录岭法	张利齐
	工件拆分(job splitting)是指工件允许被拆分成多个不同的部分,每个部分都可以被当作独立的工件。例如,在批加工排序中,拆分的工件可以在不同批中进行加工;在供应链排序中,拆分的工件可以在不同批中进行运输;在工件可拒绝排序中,一些拆分部分可以被接收并安排在机器上加工,另一些则可以被拒绝。		
100	折扣方案	录岭法	张利齐
	在工件可外包排序中,为了鼓励生产商外包更多的工件,外包商可能会提供一系列的**折扣方案**(discount scheme)。也就是说,生产商外包的工件越多,享受到的折扣也会越多。折扣方案也被广泛应用在商业销售中,常见的折扣方案有"满减折扣方式""抹零折扣方式""相同折扣方式"和"阶梯式折扣方式"等。		
101	满减折扣方式	录岭法	张利齐
	在**满减折扣方式**(full reduction discount scheme)中不同费用区间对应着固定的、不同的折扣额。比如,满 100 元减 20 元,满 200 元减 50 元,满 300 元减 80 元等。如果初始费用为 250 元,则实际支付费用为 250 元－50 元＝200 元。		
102	抹零折扣方式	录岭法	张利齐
	在**抹零折扣方式**(rounding down discount scheme)中不同费用区间折扣额也是不同的。但是,同一费用区间实际的支付费用是相同的,只有零头被免除。比如,如果初始费用属于区间[100,110),实际支付费用均为 100 元;如果初始费用属于区间[110,120),实际支付费用均为 110 元;以此类推。		
103	相同折扣方式	录岭法	张利齐
	在**相同折扣方式**(all-units discount scheme)中不同费用区间对应着不同的折扣。例如,初始费用属于区间[0,100)不打折,属于区间[100,200)每件物品打 9 折,属于区间[200,300)每件物品打 8 折等。		

	也就是说,如果初始费用为 150 元,则实际支付费用为 150 元×0.9＝135 元;如果初始费用为 250 元,则实际支付费用为 250 元×0.8＝200 元。		
104	阶梯式折扣方式	录岭法	张利齐
	在**阶梯式折扣方式**(incremental discount scheme)中不同费用区间具有不同的折扣率。例如,费用属于区间[0,100)的不打折,费用属于区间[100,200)的打 9 折,费用属于区间[200,300)的打 8 折等。也就是说,如果初始费用为 250 元,则实际支付费用为 100 元＋100 元×0.9＋50 元×0.8＝230 元。		
105	混合折扣方式	录岭法	张利齐
	在**混合折扣方式**(mixed discount scheme)中可能会同时采取上述多种折扣方式。例如,可以在 8 折的基础上再进行抹零。比如,初始费用为 168 元,在 168 元×0.8＝134.4 元的基础上进行抹零,则实际支付费用可能为 134 元或者 130 元。		
106	立即接收或拒绝	录岭法	张利齐
	在在线工件的可拒绝排序中,当一个工件到达时,决策者必须立即做出某种决策:**立即接收或拒绝**(accept or reject immediately)该工件。然而,接收的工件允许推迟一些时间进行加工,拒绝的工件不能再接收。		
107	推迟接收或拒绝	录岭法	张利齐
	在在线工件的可拒绝排序中,当一个工件到达时,可以等待一段时间再做出接收或者拒绝的决定。显然,在在线排序中**推迟接收或拒绝**(delayed acceptance or rejection)对决策者更有利。		
108	重新安排	录岭法	张利齐
	在在线排序中我们可以随时调整工件的顺序,即把新来的工件放在先前到达工件的前面进行加工。显然,**重新安排**(reassignment)加工次序对决策者更为有利。		
109	位置集合	录岭法	张利齐
	每个工件都有一个**位置集合**(positional set),即它只能在指定机		

	器的某些位置加工。比如在单机排序中,一个工件只允许在位置集合 $\{2,4,6,8\}$ 中的某个位置进行加工。		
110	位置区间	录岭法	张利齐
	如果一个工件的位置集合是相连的,则称该工件有一个**位置区间**(positional interval)。比如,工件可以在 $\{2,3,4,5\}$ 的某个位置加工。		
111	位置上限	录岭法	张利齐
	如果一个工件只能在前 k 个位置加工,我们称 k 为该工件的**位置上限**(positional deadline)。即该工件的位置集合为 $\{1,2,\cdots,k\}$。		
112	多重性	井彩霞	张新功
	多重性(multiplicity)是指工件被分为若干类,同一类中的工件具有相同的属性,可被认为是相同的或者是复制品。与传统的每个工件都有一个属性集合(如就绪时间、加工时间、交付期等)相比,工件的多重性使得在输入问题时,只需输入各类的工件数和每类中一个工件的属性集合就可以了。然而这种高效的输入方式压缩了问题的输入规模,会引起建立在输入规模基础上的问题复杂性以及算法时间复杂性的变化。		

（四）优化目标

序号	条目	执笔人	校阅人
113	正则目标	黄河	唐国春
	经典排序的目标是使衡量排序好坏的一维目标函数的函数值最小,而且这个目标函数是工件完工时间的非降函数,这就是**正则目标**(regular criterion)函数。		
114	最大完工时间	黄河	唐国春
	最大完工时间(makespan)又称为加工时间全长或时间表长度(schedule length),是一批工件中最大的完工时间,亦即最后完工的工件的完工时间。如果 n 个工件 $J_1,\cdots,J_n$ 在机器上加工的完工时间分别是 $C_1,\cdots,C_n$,那么它们的最大完工时间 $C_{\max}=\max\{C_j\mid 1\leqslant j\leqslant n\}$。		

115	总完工时间	黄河	唐国春

　　总完工时间（total completion time）是所有工件完工的总时长，记为 $\sum C_j$。使总完工时间最小是排序问题中常见的优化目标。

116	总加权完工时间	白丹宇	张智海

　　总加权完工时间（total weighted completion time）也称为**加权流程时间**（weighted flow time），对于给定的时间表，它表示所有任务的完工时间（线性加权）总和。优化该目标函数能够有效降低在制品库存，减少库存成本。在实际调度过程中，该目标函数对于加权最短加工时间（WSPT）优先规则比较敏感。

117	总完工时间平方和	白丹宇	刘朝晖

　　总完工时间平方和（total quadratic completion time）是指工件的完工时间的平方和 $\sum C_j^2$。与总完工时间 $\sum C_j$ 相比，在 $\sum C_j^2$ 下，工件完工越迟则每单位时间产生的费用就越多，因此使 $\sum C_j^2$ 最小可以理解为是使最大完工时间 $C_{\max}$ 最小与使总完工时间 $\sum C_j$ 最小之间的折中。

118	总完工时间 k 次方和	白丹宇	张智海

　　总完工时间 k 次方和（total k-power completion time）是所有任务完工时间求 k（$k \geqslant 1$）次方后的总和。该目标函数可以作为连接最大完工时间和总完工时间的桥梁。当 $k \to \infty$ 时，该目标等价于最大完工时间。例如，设 3 个任务的完工时间分别为 1.02、1.01 和 1，令 k = 365，则有 $1.02^{365} \approx 1377.41, 1.01^{365} \approx 37.78$ 和 $1^{365} = 1$，显然，此时除最大完工时间外其余可以忽略不计。当 k = 1 时，该目标等于总完工时间。

119	最大延迟	白丹宇	张智海

　　任务的完工时间与交付日期之差称为延迟。对于给定的时间表，所有任务中延迟的最大值称为**最大延迟**（maximum lateness）。优化该目标函数能够有效降低延误率，提高客户满意度。在实际调度过程中，该目标函数对于最早交付日期（EDD）优先规则比较敏感。

120	总延误时间		黄河	唐国春

所有工件的延误时间的总和称为**总延误时间**（total tardiness），记为 $\sum T_j$。

121	误工工件数		沈灏	唐国春

所有的误工工件的个数，简称为**误工工件数**（the number of tardy jobs），记为 $N_T = \sum U_j$，其中 U_j 是误工计数（unit penalty）。在赋予工件的权 w_j 适当的物理量纲后，$w_j U_j$ 可以看成是一次误工（不管误工时间的长短）造成的损失；$\sum w_j U_j$ 又称为加权误工工件数。

122	总误工量		桑耀文	王军强

总误工量（total late work）是所有工件的误工量之和，用 $\sum Y_j$ 或 $\sum V_j$ 表示。最小化总误工量可减少生产交付中的误工订单赔偿、计算机控制系统中的延迟信息损失，以及易腐品销售中的过期产品经济损失。

123	总提前量		桑耀文	王军强

总提前量（total early work）是所有工件的提前量之和，用 $\sum X_j$ 表示。最大化总提前量可辅助解决最小化总误工量问题。最小化总提前量可降低准时制生产（JIT）中的物料库存成本、分布式计算中的数据存储成本。

124	最大送达时间		白丹宇	张智海

任务的完工时间与运送时间之和称为送达时间。对于给定的时间表，所有任务中送达时间的最大值称为**最大送达时间**（maximum delivery-completion time）。该目标函数考虑了任务的物流环节，能够有效平衡完工时间与运送时间，旨在节约物流成本，提高客户满意度。在实际调度过程中，该目标函数对于最长运送时间（longest delivery time，LDT）优先规则比较敏感。

二、模　型　篇

（五）基本模型

序号	条目	执笔人	校阅人	页码
125	确定性排序	黄　河	唐国春	40
126	不确定性排序	潘　郁	唐恒永	40
127	静态调度	张　洁	张　朋	40
128	动态调度	张　洁	张　朋	40
129	在线排序	王振波	邢文训	40
130	半在线排序	叶德仕	谈之奕	41
131	分批排序	张玉忠	原晋江	41
132	并行批排序	井彩霞	张新功	42
133	串行批排序	井彩霞	张新功	42
134	半连续批排序	唐立新	万国华	42
135	混合批排序	王军强	唐国春	43
136	批处理并行机在线调度	张　洁	张　朋	43
137	主动模式调度	王　冰	吴贤毅	43
138	预测调度	王　冰	吴贤毅	44
139	反应调度	王　冰	吴贤毅	44
140	完全反应调度	王　冰	吴贤毅	44
141	预测反应调度	王　冰	吴贤毅	45
142	混合模式调度	王　冰	吴贤毅	45
143	模糊机器调度	王　冰	吴贤毅	45
144	重调度	王　冰	吴贤毅	45
145	右移重调度	王　冰	吴贤毅	46
146	完全重调度	王　冰	吴贤毅	46
147	部分重调度	王　冰	吴贤毅	46
148	匹配重调度	王　冰	吴贤毅	46
149	重调度的稳定性	王　冰	吴贤毅	46
150	滚动时域调度	王　冰	吴贤毅	46

续表

序号	条目	执笔人	校阅人	页码
151	资源扩充调度	胥 军	王军强	47
152	可控排序	张 峰	刘朝晖	47
153	加工时间可变排序	张新功	白丹宇	48
154	时变调度	包文清	吴贤毅	48
155	同步调度	陈 剑	王军强	48
156	准时排序	张 峰	刘朝晖	49
157	窗时交付排序	张 峰	刘朝晖	49
158	正则排序	陈秋双	涂奉生	49
159	耽搁排序	潘 郁	唐恒永	50
160	多目标排序	张 峰	刘朝晖	50
161	多代理竞争排序	万国华	涂奉生	51
162	供应链排序	录岭法	张利齐	51
163	资源受限排序	黄 河	唐国春	52
164	人力资源排序	李勇建	涂奉生	52
165	人机协同调度	郑乃嘉	王军强	52
166	多任务调度	王 艳	王军强	53
167	主次工件中断的多任务模型	王 艳	王军强	53
168	奇偶区间交替加工的多任务模型	王 艳	王军强	53
169	例行工件共享加工的多任务模型	王 艳	王军强	54
170	工期指派问题	王 艳	王军强	54
171	可安排交付期模型（ADD 模型）	录岭法	张利齐	54
172	推广的支付期模型（GDD 模型）	录岭法	张利齐	54
173	周期的支付期模型（PDD 模型）	录岭法	张利齐	55
174	约束指派问题	张 安	谈之奕	55
175	图平衡问题	张 安	谈之奕	55
176	多处理机工件调度	孙 涛	王军强	55
177	次模函数	孙 涛	王军强	56
178	负载均衡	孙 涛	王军强	56
179	可拒绝排序	录岭法	张利齐	57
180	可外包排序	录岭法	张利齐	57
181	项目支付排序	何正文	徐 渝	57
182	项目调度与协调	刘振元	刘士新	57

（六）车间调度

序号	条目	执笔人	校阅人	页码
183	流水车间调度	高　亮	李新宇	58
184	作业车间调度	高　亮	李新宇	58
185	确定性机器调度	王　冰	吴贤毅	59
186	不确定性机器调度	王　冰	吴贤毅	59
187	随机机器调度	王　冰	吴贤毅	60
188	车间动态调度	高　亮	李新宇	60
189	柔性	潘　郁	王万良	61
190	柔性排序	潘　郁	王万良	61
191	柔性作业车间调度	高　亮	李新宇	61
192	产品组合与调度集成优化	陈　剑	王军强	61
193	集成式工艺规划与车间调度	高　亮	李新宇	62
194	加工装配流水车间调度	陈　剑	王军强	62

（七）多功能机排序

序号	条目	执笔人	校阅人	页码
195	多功能机	井彩霞	唐国春	62
196	多功能机排序	井彩霞	唐国春	63
197	加工集合	井彩霞	张新功	63
198	嵌套结构	井彩霞	张新功	63
199	包含结构	井彩霞	张新功	63
200	区间结构	井彩霞	唐国春	63
201	树型层次结构	井彩霞	唐国春	64
202	并行多功能机排序	井彩霞	唐国春	64
203	流水作业多功能机排序	井彩霞	唐国春	64
204	自由作业多功能机排序	井彩霞	唐国春	64
205	异序作业多功能机排序	井彩霞	唐国春	65
206	机器权限	张　安	谈之奕	65

（八）随机调度

序号	条目	执笔人	校阅人	页码
207	随机排序	吴贤毅	蔡小强	65
208	随机调度策略	包文清	吴贤毅	66
209	频率方法	包文清	吴贤毅	66
210	多臂赌博模型	包文清	吴贤毅	67
211	期望折扣成本和折扣总报酬	包文清	吴贤毅	67
212	Gittins 指数	包文清	吴贤毅	68
213	Gittins 指数策略	包文清	吴贤毅	68
214	停时	包文清	吴贤毅	69
215	随机机器中断	包文清	吴贤毅	69
216	随机序	包文清	吴贤毅	69

（九）鲁棒调度

序号	条目	执笔人	校阅人	页码
217	鲁棒排序	陈秋双	涂奉生	70
218	狭义鲁棒机器调度	王　冰	吴贤毅	70
219	广义鲁棒机器调度	王　冰	吴贤毅	71
220	不可预测的不确定性	王　冰	吴贤毅	71
221	可预测的不确定性	王　冰	吴贤毅	71
222	场景	王　冰	吴贤毅	71
223	区间场景	王　冰	吴贤毅	72
224	离散场景	王　冰	吴贤毅	72
225	场景集	王　冰	吴贤毅	72
226	场景方法	王　冰	吴贤毅	72
227	纯场景方法	王　冰	吴贤毅	72
228	随机场景方法	王　冰	吴贤毅	72
229	基于场景的邻域结构	王　冰	吴贤毅	73
230	均值模型	王　冰	吴贤毅	73
231	期望模型	王　冰	吴贤毅	73
232	鲁棒调度解	王　冰	吴贤毅	73
233	调度的鲁棒性	王　冰	吴贤毅	73
234	调度性能的鲁棒性	王　冰	吴贤毅	73

序号	条目	执笔人	校阅人	页码
235	调度解的鲁棒性	王　冰	吴贤毅	73
236	鲁棒度量	王　冰	吴贤毅	74
237	鲁棒性指标	王　冰	吴贤毅	74
238	鲁棒调度的优化性	王　冰	吴贤毅	74
239	优化性指标	王　冰	吴贤毅	74
240	绝对鲁棒代价	王　冰	吴贤毅	75
241	相对鲁棒代价	王　冰	吴贤毅	75
242	鲁棒解的保守性	王　冰	吴贤毅	75
243	鲁棒优化模型	王　冰	吴贤毅	75
244	最坏场景模型	王　冰	吴贤毅	76
245	最大后悔模型	王　冰	吴贤毅	76
246	坏场景集	王　冰	吴贤毅	76
247	阈值坏场景集	王　冰	吴贤毅	76
248	阈值坏场景集模型	王　冰	吴贤毅	77
249	数目坏场景集	王　冰	吴贤毅	77
250	数目坏场景集模型	王　冰	吴贤毅	77
251	双目标场景鲁棒优化模型	王　冰	吴贤毅	77

（十）排序博弈

序号	条目	执笔人	校阅人	页码
252	排序博弈	樊保强	万　龙	78
253	排序博弈的进展	樊保强	万　龙	78
254	合作博弈	樊保强	万　龙	79
255	合作排序博弈	樊保强	万　龙	79
256	费用节省	樊保强	万　龙	79
257	合作博弈的解	樊保强	万　龙	79
258	核心	樊保强	万　龙	80
259	边际贡献	樊保强	万　龙	80
260	边际贡献向量	樊保强	万　龙	80

续表

序号	条目	执笔人	校阅人	页码
261	沙普利值	樊保强	万　龙	80
262	非合作排序博弈	樊保强	万　龙	80
263	策略式博弈	樊保强	万　龙	81
264	有限策略博弈	樊保强	万　龙	81
265	社会费用	樊保强	万　龙	81
266	纳什均衡	樊保强	万　龙	81
267	强均衡	樊保强	万　龙	81
268	无秩序代价(PoA)值和稳定代价(PoS)值	樊保强	万　龙	82
269	强无秩序代价(SPoA)值和强稳定代价(SPoS)值	樊保强	万　龙	82
270	排序局势	樊保强	万　龙	82
271	讨价还价问题	樊保强	唐国春	83
272	纳什讨价还价解	樊保强	唐国春	83
273	排序中的讨价还价问题	樊保强	唐国春	83
274	公平定价	张新功	樊保强	84
275	帕累托最优	樊保强	张新功	84
276	代理效用	樊保强	张新功	85
277	系统效用	樊保强	张新功	85
278	标准化效用	樊保强	张新功	85
279	KS公平	樊保强	张新功	85
280	比例公平	樊保强	张新功	86
281	排序中的公平定价	樊保强	张新功	86
282	公平调度	范国强	王军强	86
283	博弈分析	张　富	马卫民	87
284	睡眠策略	张　富	马卫民	87
285	谐和策略	张　富	马卫民	87
286	一般谐和策略	张　富	马卫民	87
287	暂时搁置策略	张　富	马卫民	87
288	时间表长策略	张　安	谈之奕	87
289	最低等级-最长加工时间优先	张　安	谈之奕	88

（五）基本模型

序号	条目	执笔人	校阅人
125	确定性排序	黄河	唐国春
	如果排序问题的所有（输入）参数（如加工时间、交货期等）都是事先知道和完全确定的，那么所对应的排序问题称为**确定性排序**（deterministic scheduling）。		
126	不确定性排序	潘郁	唐恒永
	不确定性排序（uncertain scheduling）是在不确定环境中的排序问题。如工件的加工时间、交货期、就绪时间和机器的种类及加工能力等参数是不确定的。根据其不确定性的性质，可以分为随机排序、模糊排序、灰色排序和其他类型的不确定性排序等。如果是大样本多数据的不确定，就可以用随机排序解决；如果属于认识不确定性，就可以用模糊排序解决；如果属于少数据、小样本、信息不完全和经验缺乏的不确定性问题，则可以用灰色排序解决。对于不确定性排序问题中存在排序内容不完整、排序结构不完备、排序模型描述不协调或者排序问题的参数动态变化等，可以用不确定性人工智能（artificial intelligence with uncertainty）方法寻求满意解。		
127	静态调度	张洁	张朋
	静态调度（static scheduling）是指所有待加工工件在加工开始前都已经到达，并且其加工顺序、加工时间和可用加工设备在加工开始前均已确定的调度活动。		
128	动态调度	张洁	张朋
	动态调度（dynamic scheduling）是指在调度活动中，对于由车间内部的机器故障、人员旷工、零件报废以及车间外部的新订单到达、交货期变更、原材料紧缺等不确定干扰因素造成的已下达生产计划难以执行等问题，为了使生产过程能够继续正常进行，而对生产系统中的工件、设备以及人员等进行动态调整的调度活动。		
129	在线排序	王振波	邢文训
	如果在排序之前已经知道工件的全部信息，那么这种排序称为离		

线排序(offline scheduling)；如果工件的信息是逐步释放的，在决定当前工件的加工时对其后面就绪工件的信息一无所知，并且一旦决定工件的安排后就不允许改变，这种排序称为**在线排序**(online scheduling)。在线排序分为两种：按序(over list)在线排序和按时(over time)在线排序。按序在线排序中，工件排成一个序列逐个出现，只有当一个工件前面的工件全部安排后，才知道这个工件的信息。按时在线排序中，每个工件都有一个就绪时间，只有当工件就绪后才可以知道这个工件的信息。另外，如果当一个工件就绪后，就知道其加工信息，那么这种在线排序称为可预测的(clairvoyant)。如果一个工件直到加工结束时才可以知道其加工信息，那么这种在线排序称为不可预测的(non-clairvoyant)。离线排序的困难在于计算资源的有限性，在线排序的困难在于信息的匮乏。在线排序研究的主要手段是算法竞争比(competitive ratio)分析。

130	半在线排序	叶德仕	谈之奕

　　半在线排序(semi online scheduling)是介于在线排序和离线排序之间的排序问题。在线排序有两个重要条件：工件的信息是逐步释放的；不允许改变已安排工件的决策。若上述两类条件部分满足则称为半在线排序。一般来讲，半在线模型分为两类，一是提前预知工件的部分信息，二是部分地调整已经安排的工件。第一类模型主要包括：已知所有工件加工时间的总和；已知工件的最大加工时间；已知最后到达工件的信息；已知问题的最优值；工件按照某种已知的特定次序到达(如按照加工时间从小到大或者从大到小的次序到达等)、工件的加工时间属于某个给定的区间；预先知道即将出现的若干工件的信息；带缓冲器(buffer)的排序等。第二类模型主要有：可调整最后一个安排的工件；可重排任意 k 个工件；改变工件的决策有相应的费用等。半在线模型还可以是上述模型的组合，即同时已知或者满足两个或两个以上的条件。与在线排序一样，衡量半在线排序算法的优劣往往采用竞争比分析。与在线排序相比，半在线排序一般有较好的竞争比。

131	分批排序	张玉忠	原晋江

　　分批排序(batching scheduling 或者 scheduling with batching)是可以同时加工一批多至 B $(B \geqslant 2)$ 个工件的机器排序，又称为成组排序、批处理排序、批处理机排序、批加工机器排序或者同时加工排序。

	这种机器称为批处理机;B 称为机器的容量。分批排序是考虑成组技术(group technology,GT),考虑安装时间和安装费用的排序问题。分批排序产生于 20 世纪 90 年代初大规模的流水作业生产线,在半导体生产、航空制造、钢铁铸造、制鞋等行业的实际生产中,越来越注重按照工件的某些性质把工件分成若干个工件组进行加工,从而提高生产效率。分批排序中同组工件接连加工时不需要或需要少量安装时间,不同组的工件接连加工时需要一定的安装时间。分批排序就是确定工件的批划分,并安排批的加工使得目标最优。根据批次中工件加工方式的不同,分批排序可以分为并行分批(parallel batching)和串行分批(serial batching)两种。

132	并行批排序	井彩霞	张新功
	并行批排序(parallel batch scheduling)是指工件可成批加工,同一批的工件具有相同的开工时间和完工时间,批的加工时间为批中所有工件的最大工时。有的文献也称之为平行批排序。		

133	串行批排序	井彩霞	张新功
	串行批排序(serial batch scheduling)是指工件可成批加工,同一批的工件按照串行的方式接连加工,批的加工时间为批中所有工件的工时之和。有的文献也称之为继列批排序。		

134	半连续批排序	唐立新	万国华
	半连续批排序(semi-continuous batch scheduling)中机器可以同时加工多个工件。我们把在同一机器中按照同一加工模式(如加热炉中的加热制度)进行加工的相邻工件称为一个批。经典的间隙批排序是同批的工件批进批出的方式不同。本问题中属于同一批中的工件进入和离开机器按照周期匀速(半连续)进行,每一个工件都有自己的开始加工时间和完工时间。纯连续批排序问题中工件是间隔进入而不是连续进入机器的。该问题中的每个工件的加工时间均等于该批工件中加工时间的最大者,称为基本加工时间。批的加工时间是从该批中的第一个工件到达机器开始,到最后一个工件完工所用的时间,与该批的大小、批中工件的加工时间及机器的容量均有关。半连续批排序包括如何分批及安排批的加工次序。这个问题来源于钢铁工业中加热炉对钢坯的加热过程,在冶金工业其他存在加热过程的工业流程中也普遍存在。		

135	混合批排序		王军强	唐国春

　　混合批排序（mixed batch scheduling）是把并行批排序和串行分批排序融合在一起，涉及怎样分批以及如何安排批的加工次序等决策，使得给定的目标最优的一类排序问题。混合批（mixed batch，m-batch）处理拓展了并行批（parallel batch，p-batch）处理、串行批（serial batch，s-batch）处理、半连续批（semi-continuous batch，c-batch）处理等现有的批处理模型，是一种新型的、更一般的批处理排序模型。在混合批排序中，多个工件作为一批在机器上进行加工，同一批工件同时进入、同时加工、同时离开。同一批中的工件具有相同的开工时间、相同的加工时间和相同的完工时间，工件的实际加工时间等于它所在批的加工时间，为此批中工件的最大加工时间与此批中所有工件的加工时间总和的加权和。当工件的加工时间总和的权重为零时，混合批排序问题成为并行批排序；当工件的最大加工时间的权重为零时，混合批排序问题成为串行批排序。混合批排序问题来源于真空热处理炉对工具、模具、弹簧、叶片、轴承、紧固件和精密耦合件等零部件的热处理加工过程，热处理时间不仅需考虑炉中零件的最大有效厚度，还需考虑炉中所有零件的总重量，挖掘真空热处理时间与零件处理时间的关系，提炼出批的加工时间为批中工件的最大加工时间与此批中所有工件的加工时间总和的加权和。

136	批处理并行机在线调度		张洁	张朋

　　批处理并行机在线调度（online batching machines scheduling）问题是工件未到达、信息未知的并行批处理机调度问题，涉及工件批次划分和批次优化等问题。由于批处理过程是按批次进行生产，且通常设备的生产能力有限，即批量大小有最高上限和最低下限，而实际产品计划需求量大小不一，故批处理调度的任务就是确定每种产品计划所需划分的批次数量，以及每批的批量大小，称为批量划分。批量划分完后就是安排这些批次在各设备上的加工顺序，以及各个批次的开始时间和结束时间，称为批次优化。

137	主动模式调度		王冰	吴贤毅

　　主动模式调度（proactive-mode scheduling）也称为主动调度（proactivescheduling）。对于可预测的不确定性，可以基于已知的不

确定性,在不确定性发生前将其纳入调度问题的建模中,这是一种主动接受、努力构造和理解不确定性的主动模式不确定调度方法,是一种对不确定性防患于未然的预防技术,因而都称为主动调度。随机机器调度、模糊机器调度和狭义鲁棒机器调度都是在不确定性发生前进行的主动调度,因而都是主动模式调度。主动调度又有基于冗余的主动调度和基于性能的主动调度两种方式。预测调度是一种基于冗余的主动调度,狭义鲁棒调度是一种基于性能的主动调度。

| 138 | 预测调度 | 王冰 | 吴贤毅 |

预测调度(predictable scheduling)是针对可预测的不确定性用基于冗余的技术产生预测调度方案的主动模式调度,目的在于所产生的调度方案在不确定事件发生后实际执行时具有好的解鲁棒性。预测调度以调度的解鲁棒性指标为调度目标,所得到的调度方案具有包容不确定性的可预测性。预测调度的解鲁棒性指标称为可预测性(predictability)。

| 139 | 反应调度 | 王冰 | 吴贤毅 |

反应调度(reactive scheduling)也称为反应模式调度(reactive-mode scheduling)。对于不可预测的不确定性(扰动),由于在不确定性发生前无法获知其相关特性,只能在不确定性发生后进行被动反应,通过对初始调度方案进行调整或重调度来尽量降低不确定扰动对初始调度的影响,提升调度的鲁棒性。反应调度的初始调度形成时,由于未来的不确定性不可预测,所以不考虑未来可能存在的不确定因素形成初始调度方案,在对初始调度方案的实际执行中,如果有扰动发生,就按一定的反应机制消化不确定性,对鲁棒性的优化是在反应机制中被动地进行的,属于一种对不确定性亡羊补牢的补救技术。反应模式调度有完全反应调度、重调度和滚动时域调度等形式。

| 140 | 完全反应调度 | 王冰 | 吴贤毅 |

完全反应调度(completely reactive scheduling)也称为在线调度(on-line scheduling)或实时调度(real-time scheduling),是在调度信息不全的情况下进行的反应调度。如果在初始调度时刻信息不全,而随着时间的推移逐步获知信息,则在线调度随着调度时刻的推移逐步生成调度方案,一次只根据已知信息或预测信息生成部分调度方案,

	且随着调度方案的生成逐步执行。完全反应调度只能以调度鲁棒性的改善为隐性目标。		
141	预测反应调度	王冰	吴贤毅
	预测反应调度(predictive reactive scheduling)是一种典型的混合模式调度,针对可预测的不确定性在主动调度阶段进行预测调度,当不可预测的不确定性发生时执行某种形式的反应调度。		
142	混合模式调度	王冰	吴贤毅
	混合模式调度(hybrid-mode scheduling)是主动模式调度与反模式调度的混合,实际上是一种两阶段不确定调度,既包含主动调度阶段,也包含反应调度阶段。即在不确定性发生之前考虑可预测的不确定性生成初始调度方案,进行主动调度,而初始调度方案在执行中当遭遇到不可预测的不确定性时再被动地进行反应调度。		
143	模糊机器调度	王冰	吴贤毅
	如果不确定性用模糊隶属度函数来描述,并把不确定机器调度建立在模糊数学理论上,这样的不确定机器调度称为**模糊机器调度**(fuzzy machine scheduling)。模糊机器调度的调度目标多种多样,与刻画不确定性的模糊隶属度函数的种类有关,例如三角模糊数和梯形模糊数下的调度目标可以不同。		
144	重调度	王冰	吴贤毅
	重调度(rescheduling)是在不考虑扰动因素影响的前提下以调度性能为优化目标离线形成原始调度,实际执行过程中遭遇扰动时对未执行的部分调度方案进行重新安排。重调度的目的是不确定性发生后更新调度决策,使得生产过程能够平稳进行,尽可能完成预定的生产目标并使调度有较好的鲁棒性。 　　重调度是反应调度的重要形式。重调度的反应驱动策略有周期性、事件驱动和混合式等三种典型形式。周期性驱动策略是指随着初始调度方案的执行每隔固定时间或事件周期性地进行反应;事件驱动策略是指每逢指定的重要不确定事件发生时进行反应;混合驱动策略则是周期性与事件驱动相结合的反应策略。这些反应策略简单易执行,对鲁棒性的优化主要是在与反应驱动策略相结合的重调度方法中实现。 　　常用的重调度方法有右移重调度、完全重调度和部分重调度。		

145	右移重调度		王冰	吴贤毅
	右移重调度（right-shift rescheduling，RSR）是指扰动发生后保持调度方案中的加工次序不变，将所有开始加工时间并行右移使得调度仍可行的方法。			
146	完全重调度		王冰	吴贤毅
	完全重调度（full rescheduling）是指在扰动发生后对所有未执行的工件以一定的目标函数重新进行调度的方法。			
147	部分重调度		王冰	吴贤毅
	部分重调度（partial rescheduling，PR）是对扰动发生后一个局部涉及的部分未执行的工件以一定的目标函数重新进行调度的方法。这种重调度方法控制了重调度问题的规模，可以对重调度质量和反应时间进行折中平衡。			
148	匹配重调度		王冰	吴贤毅
	匹配重调度（match-up rescheduling，MUR）是一种特殊的部分重调度，是指重调度的目标要求在扰动发生后的一个过渡阶段完全吸收扰动的影响，经过一个有限时间的过渡阶段后从某一点开始重调度，以便与原始调度完全一致，这个过渡阶段的结束点叫作匹配点（match-up point），过渡阶段称为匹配时间（match-up time）。			
149	重调度的稳定性		王冰	吴贤毅
	重调度的稳定性（stability of rescheduling）是指扰动发生后重调度方案与原始调度方案相比变动尽可能小的性质。重调度的稳定性指标是一种调度的解鲁棒性指标，与调度的性能鲁棒性指标相区别，稳定性通常以各操作在重调度方案和初始调度方案中的开始加工时间的偏差或者各操作在重调度方案和初始调度方案中的机器安排的偏差为基础建立度量。			
150	滚动时域调度		王冰	吴贤毅
	滚动时域调度（rolling horizon scheduling，RHS）方法是一个随调度时刻向前推进的迭代过程，在每个调度时刻，利用刷新的当前已知信息，确定一个滚动窗口，局部调度在滚动窗口内进行，局部调度解的一部分被执行，这部分解的完成时刻就是新的调度时刻，如此重复			

迭代进行,直到整个时域的调度完成。滚动时域调度用于不可预测的不确定性发生的环境,可以不断在滚动窗口中考虑新出现的不确定性,局部调度解可以是对不确定性反应后的部分重调度结果,但与部分重调度不同的是,滚动时域调度仅执行局部调度解的一部分,剩余部分纳入下一次局部调度。因此,滚动时域调度是一种介于完全反应调度和部分重调度之间的反应模式调度形式。

151	资源扩充调度		胥军	王军强

  资源扩充调度(scheduling with resource augmentation)拓展了经典调度问题中资源固定的假设,通过投入额外资源,例如增加机器台数、加快机器速度和扩大批处理机容量,分析资源扩充对调度性能的影响,优化额外资源的投产方案,实现调度性能的提升。资源扩充调度主要包括三方面研究。第一,改善调度算法的最差性能比。针对不存在常数最差性能比的调度优化问题,通过资源扩充方式设计最差性能比为常数的算法;针对存在常数最差性能比的调度优化问题,设计最差性能比更小的调度算法。第二,分析资源扩充对调度性能的影响。定义了最好情形影响比(best-case impact ratio)指标以衡量额外资源投入后调度性能的最大改善程度。具体地,通过分析额外资源投入前后目标函数的最优值(近似值)之比的上确界,反映额外资源投入后调度性能改善的最大空间。第三,优化额外资源投入量。考虑额外资源的投入成本,均衡额外资源投入成本与调度目标提升收益,获取最佳成本效益下的资源投入方案和调度方案,提高资源投入产出效益。

152	可控排序		张峰	刘朝晖

  可控排序(controllable scheduling)是工件的参数,包括加工时间、交货期、就绪时间或权等可以通过改变资源控制其大小的排序问题。记工件集合 $J = \{J_1, J_2, \cdots, J_n\}$,工件的加工次序 $\pi = (\pi(1), \pi(2), \cdots, \pi(n))$,控制参数 $x = (x_1, x_2, \cdots, x_n)$(其中 x_j 是工件 J_j 的加工时间、交货期、就绪时间或权等)。可控排序考虑两个目标:一个目标是工件的完工费用,即为通常的排序问题目标,记为 $F_1(x, \pi)$;另一个目标是控制工件参数 x 所需的控制费用,记为 $F_2(x)$。完工费用 $F_1(x, \pi)$ 和控制费用 $F_2(x)$ 的总和称为总费用。记 Π 是工件的所有加工次序,X 表示控制参数全体取值。4 种可控排序如下所述:

(P1)使总费用最小：$\min\{\,F_1(x,\pi)+F_2(x)\mid x\in X,\pi\in \Pi\,\}$。

(P2)在有限的完工费用下使控制费用最小：$\min\{\,F_2(x)\mid F_1(x,\pi)\leqslant \tau,\ x\in X,\pi\in \Pi\,\}$，其中 τ 是给定的常数。

(P3)在有限的控制费用下使完工费用最小：$\min\{\,F_1(x,\pi)\mid F_2(x)\leqslant \kappa,\ x\in X,\pi\in \Pi\,\}$，其中 κ 是给定的常数。

(P4)在多目标排序帕累托有效解(Pareto effective solution)的概念下使完工费用 $F_1(x,\pi)$ 和控制费用 $F_2(x)$ 这两个目标为最小：$\min\{(\,F_1(x,\pi),\ F_2(x))\mid x\in X,\pi\in \Pi\,\}$。

153	加工时间可变排序	张新功	白丹宇

加工时间可变排序(scheduling with the variable processing time)指工件的实际加工时间与所排的位置、开工时间或者所消耗的资源分配量等有关的排序问题，包括工件的加工时间与工件所排位置有关的排序问题、工件的加工时间与所用资源有关的可控排序问题、工件的加工时间与工件的开工时间有关的排序问题等。

154	时变调度	包文清	吴贤毅

时变调度(time varying scheduling)又称为具有时间依赖性的调度。时变调度是针对时变工件的加工时间而言。在通常的排序问题中，如果一个工件的加工时间为 P，已经加工了时间 t，通常是假设无论工件的加工何时开始或者加工中间有没有中断，其剩余的加工时间是 $P-t$。所谓时变工件的加工时间，是指这个假设不再成立。它有两种典型类型：一种是加工时间是等待时间的非减函数的恶化工件(deteriorating jobs)，如海鲜等易腐产品的处理，处理开始的时间越晚，所需的处理时间越长；另一种是加工时间是等待时间的非增函数的学习效应(learning effects)，如使用机器人或者智能机器的场合，机器具有学习能力，工件进入处理的时间越晚，机器对处理相应工件就越有经验(学习效应)，因此，只需要更短的处理时间。在随机调度领域，时变特征体现为工件加工时间的概率分布因工件加工的起始时间不同而不同。

155	同步调度	陈剑	王军强

同步调度(synchronized scheduling)是以同步生产策略为核心目标优化制造系统性能的一类调度问题。同步调度以工件加工的同步

性与准时性为衡量指标,通过合理分配资源,并安排工件加工顺序、加工批量、运输批量,实现具有相关关系的零部件在空间维度和时间维度按时按量按点同步产出,以减少装配或物流环节的无效等待和浪费,从而实现制造系统在系统产出、物料库存、交货期、提前期等方面的性能。同步调度面向准时制生产(JIT)模式,广泛应用在接单生产(make-to-order,MTO)以及面向复杂产品装配等制造场景。

| 156 | 准时排序 | 张峰 | 刘朝晖 |

对于工件在交货期之前完工和之后完工都要支付费用的排序问题称为**准时排序**(just-in-time scheduling)。准时排序的重要研究方向是工件具有共同交货期的情况,分为两类问题:一类是共同交货期为给定的参数;另一类是共同交货期为决策变量。准时排序主要研究两类目标函数:总费用函数 $f = \sum_j (\alpha_j E_j + \beta_j T_j + \theta_j C_j + \gamma_j d_j)$ 与最大费用函数 $f = \max_j \{\alpha_j E_j, \beta_j T_j\}$,其中 α_j、β_j、θ_j、γ_j 分别表示提前、延误、完工时间、交货期的单位费用。

| 157 | 窗时交付排序 | 张峰 | 刘朝晖 |

如果在准时排序中把工件 J_j 的交货期 d_j 改为时间区间 $[d_j^1, d_j^2]$,即工件在时间区间 $[d_j^1, d_j^2]$ 内完工没有"惩罚",不需要支付费用,在时间 d_j^1 之前完工(提前),或在时间 d_j^2 之后完工(延误)都要支付费用。这样的排序问题称为**窗时交付排序**(due window scheduling)。窗时交付排序是准时排序的推广。

| 158 | 正则排序 | 陈秋双 | 涂奉生 |

优化目标是工件完工时间的非减函数称为正则目标函数。具有正则目标函数的排序问题称为**正则排序**(regular scheduling)问题。经典排序问题仅考虑正则目标,如最大完工时间 $C_{\max}$、加权总完工时间 $\sum w_j C_j$、最大延迟 $L_{\max}$、误工工件数 n_T 等。对正则排序问题,最优排序只需在半活动排序中求解。半活动排序是指在不改变工件在机器上的加工次序前提下,不可能提前任何一个工件的完工时间。半活动排序的全体又称为优势集。因此,正则排序只需要在优势集

寻找最优解。构造尽可能小的优势集,对求解正则排序问题有特殊的意义。对于半活动排序,机器对工件的加工次序一旦确定,则机器对工件的开工时间也就是唯一确定的。这时,最优排序由其机器对工件的加工次序也是唯一确定的。因此,此时求最优排序便转化为仅求机器对工件的加工次序问题。

159	耽搁排序		潘郁	唐恒永

　　如果有已经就绪可以加工的工件或者工序,就不允许有机器空闲的排序称为无耽搁排序(non-delay scheduling);否则称为**耽搁排序**(delay scheduling)。对于大多数排序问题,包括所有的可中断排序,其最优排序都是无耽搁排序,但也存在不可中断排序问题,其最优排序是耽搁排序。对于多道工序需要同时占用共享资源的耽搁排序,目前还没有最优排序的解析算法。一般采用试探性深度搜索和广度搜索的方法,对工序能否耽搁进行优先风险评估。

160	多目标排序		张峰	刘朝晖

　　多目标排序(multi-criteria scheduling)是研究多个目标的排序问题。由于多个目标之间常常是相互"冲突"的,一般不存在使多个目标同时达到最优的"绝对"最优解。多目标排序分成三类。第一类是寻找约束解和多重解(hierarchical solution)。对两个目标函数 γ_1 和 γ_2 来讲,如果是在第一个目标函数 γ_1 满足一定的约束条件下,使第二个目标函数 γ_2 为最优,这样得到的解称为约束解。特别地,如果是在第一个目标函数 γ_1 为最优的条件下,使第二个目标函数 γ_2 为最优,这样得到的解称为多重解。第二类是寻找帕累托有效解,又称为非支配解。对于两个目标函数 $\gamma_i(i=1,2)$ 和排序 π,如果不存在排序 σ 使得 $\gamma_i(\sigma) \leqslant \gamma_i(\pi)$ $(i=1,2)$,且其中至少一个不等式严格成立,那么排序 π 称为两个目标函数 γ_1 和 γ_2 的最小的有效解。第三类是用构造权函数(weighted criteria)的方法把多目标排序转化为单目标排序。这种方法得到的多目标排序的解称为权函数解,其中最重要的权函数是线性加权函数。对两个目标函数 γ_1 和 γ_2 来讲,就是 $\lambda_1\gamma_1 + \lambda_2\gamma_2$。关于两个目标函数的大部分结果可以直接推广到三个或者更多个目标函数的情况。对多台机器不论是并行机还是串行机,都可以研究相应的多目标排序问题。

161	多代理竞争排序		万国华	涂奉生

多代理竞争排序（competitive multi-agent scheduling）问题中全部工件分为 K 类，每一类由一个代理（agent）负责。这些代理竞争公共的资源（即利用相同的机器集合加工工件），某代理负责的工件的约束条件和使用的目标函数可以与其他代理负责的工件的约束条件和使用的目标函数不同。假设 f^j 是代理 j 的目标函数，优化的目标有三类：①同时优化所有代理的目标函数（寻求问题的帕累托最优解，属多目标优化问题）；②优化加权求和型的目标函数 $\sum \alpha_j f^j$；③约束优化，排序的目标函数为 $\min\,(f^{j1},\cdots,f^{jk})$ subject to $(f^{l1} \leqslant Q_1,$ $f^{ls} \leqslant Q_s)$，其中 Q_s 是对代理 s 事先给定的目标函数值，$k+s=K$。

例如，考虑在 m 台并行机上对 n 个工件进行加工，这 n 个工件可以分为两类，由代理 1 和代理 2 分别负责 n_1 和 n_2 个工件（$n = n_1 + n_2$）。代理 1（或代理 2）负责的工件 j 的加工时间记为 p_j^1（或 p_j^2），其权记为 w_j^1（w_j^2），就绪时间和交货期记为 r_j^1（或 r_j^2）和 d_j^1（或 d_j^2），完工时间记为 C_j^1（或 C_j^2）。这两个代理的目标函数可以不同，例如代理 1 的目标函数是 $L_{\max}^1$，而代理 2 的目标函数是 $\sum w_j^2 C_j^2 \leqslant Q$。在这个问题的最优排序中，可能是先加工代理 1 的部分工件，再加工代理 2 的部分工件，然后加工代理 1 的另一部分工件，等等。利用排序三参数表示，这个排序问题可以表示为：$Pm \mid r_j^1,\ d_j^1 : r_j^2 \mid L_{\max}^1 : \sum w_j^2 C_j^2 \leqslant Q$。

162	供应链排序		录岭法	张利齐

一个完整的供应链包含原材料供应、产品加工、产品外包以及库存、配送、定价、销售等多个阶段，也涉及供应商、生产商、外包商、运输商、销售商和顾客等多个角色。**供应链排序**（supply chain scheduling）是把供应链管理中的各个阶段与排序结合起来，主要研究生产阶段与供应链其他阶段之间的协调性。在供应链排序中，研究最多的是生产阶段与配送阶段之间的协调性，也称为生产与配送集成排序。在陈志龙和尼古拉斯·霍尔（Nicholas Hall）2022 年的专著《供应链排序》（*Supply Chain Scheduling*）中，还研究生产与外包集成排序、生产与定价集成排序以及生产与博弈集成排序等新的供应链排序模型。

163	资源受限排序		黄河	唐国春

资源受限排序（resource-constrained scheduling）突破了经典排序假设加工工件只需要机器一种资源，并且假设机器的能力是"无限"的，即任何时候和任何情况下机器是一直可以加工的。突破这种假设有两个方面：第一，加工工件除需要机器以外还需要别的资源；第二，包括机器在内的所有资源的能力，不是"无限"的，而是有限制的。例如，数控机床加工零件时，数控机床是一种可恢复的（renewable）、使用性的或者称为使用量受限制的资源，而数控机床加工零件所需要的电力是一种不可恢复的（nonrenewable）、消耗性的（nonrecoverable）或者称为消耗量受限制的资源，还有一种如人力是双重受限制（doubly constrained）的或者称为使用量或消耗量都受限制的资源。

164	人力资源排序		李勇建	涂奉生

人力资源排序（workforce scheduling）是决策一个单位的员工每周工作日排班和每日工作时间段安排的问题。有效的人力资源排序可以降低人力资源成本，提高客户服务水平，以及增加员工的满意度。该问题经常出现于一周需要工作 7 天，每天至少一个轮班的单位，如医院、酒店、机场等服务部门。很多学者以医院的护士排程为背景进行此类问题研究。此类问题中很多是 NP-困难的，复杂性来自人力资源的结构（多类员工、全职或兼职员工等）、排班的规则（轮班的最大或者最小时长、休息时间和频率、连续工作天数等）或者其他约束条件。

165	人机协同调度		郑乃嘉	王军强

人机协同调度（human-robot collaboration schedule，HRCS）问题突破了经典调度理论中工件唯一性假设，研究人和机器对某一任务进行协同加工并完成共同目标的一类调度问题。与传统调度相比，人机协同调度由传统的"机器"单维环境扩展到"人-机器"的二维环境，考虑人与机器对不同工件的协同约束，关注与人机协同相关的目标，将"人-机器-工件"进行三元匹配，达到"1+1＞2"的协同效应。人机协同加工方式根据协同程度分为单独加工、串行加工、并行加工、协同加工等 4 种。单独加工是人和机器在同一个工作空间中分别独立加工不同工件，并无固定顺序；串行加工是人和机器按固定的顺序依次加工同一工件的不同工序；并行加工是人和机器在不同的工位对同一工件同时加工；协同加工是人和机器通过交互、融合、共创等方式对同

一工件同时加工。人机协同调度问题的典型应用场景为装配作业协同调度。在装配过程中,不仅需要大量的工业机器人、专用设备、专用工装夹具,还需要大量的技术员和装配工,通过人和机器能力互补,协同完成装配操作,保证装配精度和装配效率。

| 166 | 多任务调度 | 王艳 | 王军强 |

  多任务调度(multitasking scheduling)是在不同的中断方式和切换模式下,决策工件作为何种类型的工件加工以及如何排序的问题。多任务调度将经典调度中工件依次加工的方式拓展到多个工件交替加工的方式,常应用在以人为主的生产制造、服务系统中。如航空发动机叶片装配环节、项目管理规划中的任务处理、轮班制的客户服务中心客服连续服务等。多任务调度模型根据工件的中断方式分为主次工件中断的多任务模型、奇偶加工区间的多任务模型以及例行工件共享加工的多任务模型等。

| 167 | 主次工件中断的多任务模型 | 王艳 | 王军强 |

  主次工件中断的多任务模型(multitasking model of interruption between primary and waiting jobs)指主要工件在其加工过程中的任意时刻可加工,而未完成加工的次要工件被打断的加工方式。机器在当前加工的主要工件和等待加工的次要工件之间来回切换,产生了转换时间及次要工件占用的中断时间。其中,转换时间与次要工件的数量相关,中断时间与次要工件的剩余加工时间相关。每个工件当且仅当一次主要工件,在其作为主要工件之前可能成为多次次要工件。主要工件被打断多次并被完成加工,次要工件多次打断主要工件但不会完成加工。主次工件中断的多任务模型需要决策主要工件的加工次序。

| 168 | 奇偶区间交替加工的多任务模型 | 王艳 | 王军强 |

  奇偶区间交替加工的多任务模型(multitasking model of alternate odd and even periods processing)指工件被安排在奇数加工区间(odd periods)或者偶数加工区间(even periods)加工完成而形成奇偶交替的周期中断加工方式。工件在奇数(或偶数)区间中断后,在后续奇数(或偶数)区间继续加工。如果工件需要跨相邻奇偶期间进行连续加工,则产生额外的切换时间。

169	例行工件共享加工的多任务模型	王艳	王军强
	例行工件共享加工的多任务模型(multitasking model of shared processing with routine jobs)指主要工件和例行工件共享机器能力的加工方式。主要工件在 0 时刻就绪,例行工件具有释放时间。当主要工件加工到例行工件释放的时刻,主要工件和例行工件共享机器的加工能力。当例行工件先完工时,主要工件独享机器加工能力;当主要工件先完工时,下一个主要工件与当前例行工件共享机器的加工能力。		
170	工期指派问题	王艳	王军强
	工期指派问题(due date assignment problem)拓展了经典调度问题中工期为已知参数的假设,将工期作为一个决策变量,连同调度方案一起进行优化决策,以最小化提前或者延误工期等相关的惩罚。一个典型应用场景为准时制生产(JIT),若工期承诺越近则越能吸引订单,但存在订单延误而支付拖期费用的风险;若工期承诺越远越能保证加工完成度,但存在增加库存成本的风险。因此,工期指派需要均衡工期承诺收益及拖期惩罚两个目标,尽可能缩短订单工期并避免拖期费用。工期指派问题根据工期与工件的相关性分为共同工期指派模型、松弛工期指派模型和不同工期指派模型。共同工期指派(common due date assignment)模型中所有工件具有相同的工期:$d_j=d\geqslant 0,(j=1,2,\cdots,n)$,$d$ 为决策变量。松弛工期指派(slack due date assignment)模型中每个工件的工期与其加工时间相关:$d_j=p_j+q,(j=1,2,\cdots,n)$,其中,$q\geqslant 0$,$q$ 为决策变量。不同工期指派(different due date assignment)模型中每个工件都有不同的工期:$d_j\geqslant 0,(j=1,2,\cdots,n)$,且工期的分配不受任何限制,$d_j$ 为决策变量。		
171	可安排交付期模型(ADD 模型)	录岭法	张利齐
	在经典排序中每个工件的交付期只依赖于该工件,不依赖排序。而在**可安排交付期模型**(assignable due dates model,ADD 模型)中,每个工件的交付期是与完工位置相关的。也就是说,事先有 n 个给定的交付期,在一个可行排序中,如果工件 J_j 是第 k 个完工的工件,则工件 J_j 具有第 k 个给定的交付期。		
172	推广的交付期模型(GDD 模型)	录岭法	张利齐
	推广的交付期模型(generalized due dates model,GDD模型)是		

一种特殊的 ADD 模型。在 GDD 模型中，n 个给定的交付期是从小到大排列的。也就是说，第一个完工的工件具有最小的交付期，第二个完工的工件具有次小的交付期，以此类推。

173	周期的交付期模型（PDD 模型）	录岭法	张利齐

周期的交付期模型（periodic due dates model，PDD 模型）是一种特殊的 GDD 模型。即第一个完工的工件交付期为 Δ，第 2 个完工的工件交付期为 2Δ，以此类推。

174	约束指派问题	张安	谈之奕

约束指派问题（restricted assignment problem）是一种带限制的指派问题，属于非同类机排序，等价于同型并行机中加工集为任意型的工件最大完工时间极小化问题。

175	图平衡问题	张安	谈之奕

在边赋权的无向多重图上给边集一个定向，以指向顶点的边的权重之和表示顶点的负载。**图平衡问题**（graph balancing problem）就是寻找一个图定向使最大的顶点负载尽可能小。如果把顶点视作机器，把边视作工件，边权重为工件的加工时间，而给定边的定向即相当于给定工件到机器（指向的顶点）的分配，则该问题等价于同型并行机中每个加工集包含至多两台机器的工件最大完工时间极小化问题。它是约束指派问题的特殊情况。

176	多处理机工件调度	孙涛	王军强

多处理机工件调度（multiprocessor job scheduling）依据多处理机工件所需机器数目配置加工机器，依据机器-工件的匹配方案决策工件的加工顺序。根据工件加工过程中对机器数量需求的灵活程度，多处理机工件调度分为刚性工件调度、可塑工件调度和可延展工件调度等。多处理机工件调度突破了经典调度中工件唯一性限制，将经典调度中的工件排序一维问题拓展为机器分配以及工件排序的二维问题。典型应用场景有：①发动机协同装配作业。发动机风扇转子装配工艺专业化程度高，需要专用设备、专用工装夹具等协助技术员和装配工进行协同装配。通过优化发动机协同装配作业调度有利于提高资源利用率，缩短装配周期。②港口船舶拖曳作业。船舶进/出港时，港口需要调配拖轮对船舶进行拖曳作业。船舶种类不同，需要的拖曳

马力也不同。港口根据船舶的吨位调配多艘拖轮,同时对船舶进行拖曳操作。通过优化港口拖轮拖曳作业调度有利于提高船舶的进出港效率,减少船舶的在港停留时间。

177	次模函数		孙涛	王军强

　　次模函数(submodular function)是具有边际效益递减性质的集合函数。给定有限集合 N 和定义在 N 上的集合函数 $f: 2^N \rightarrow R$,记个体 x 对集合 A 的边际效益为 $f_A(x) = f(A \bigcup \{x\}) - f(A)$。如果集合函数 f 满足 $f_A(x) \geqslant f_B(x), A \subset B \subset N$,则称集合函数 f 为次模函数。次模函数刻画了个体之间的关系并非独立关系,而是关联关系。这种关联关系体现在次模函数的边际效益递减的特性上,即新增个体 x 对整体 B 带来的新增收益不超过新增个体 x 对整体 A 带来的新增收益。经典的集合覆盖问题(set cover problem)和设施选址问题(facility location problem)等的目标函数是次模函数。在问题求解过程中,根据次模函数的边际效益递减特性,通过选取对整体最有利的个体设计贪婪算法,其最差性能比为 $1 - 1/e$。

178	负载均衡		孙涛	王军强

　　负载均衡(load balancing)指将工件分配到并行机器上以使机器的最大负载最小,达到均衡利用机器资源并尽可能提升工件服务水平的目的。给定机器集 $M = \{M_1, M_2, \cdots, M_m\}$ 和工件集 $J = \{J_1, J_2, \cdots, J_n\}$,记工件 J_j 在机器 M_i 上的负载为 p_{ij},分配到机器 M_i 上的工件集合为 $J(M_i)$,机器 M_i 的负载为 $C_i = f(J(M_i))$。负载均衡问题是在工件的分配方案 Π 中寻找一种分配方案 $\pi = \{J(M_1), J(M_2), \cdots, J(M_m)\}$,使得最大机器负载最小,即 $\min_{\pi \in \Pi} \max_{1 \leqslant i \leqslant m} C_i$,且满足 $\bigcup_{i=1}^{m} J(M_i) = J$,$J(M_i) \bigcap J(M_k) = \varnothing$,$i \neq k$。根据机器负载的刻画函数,将负载均衡问题分为线性负载均衡问题和次模负载均衡问题。线性负载均衡(linear load balancing)问题指机器 M_i 的负载 C_i 由线性函数 $f(J(M_i)) = \sum_{J_j \in J(M_i)} p_{ij}$ 刻画。根据不同类型的并行机环境,线性负载均衡问题细分为 $Pm \| C_{\max}$、$Qm \| C_{\max}$ 和 $Rm \| C_{\max}$ 三类。线性负载均衡问题在车间生产作业排产、

	医院患者就诊安排等场景应用广泛。次模负载均衡(submodular load balancing)问题指机器 M_i 的负载 C_i 具备边际效益递减特性,并由次模函数刻画。次模负载均衡问题在机器学习的数据划分、数据聚类和图像分割等场景应用广泛。		
179	可拒绝排序	录岭法	张利齐
	在经典排序中所有工件都必须在机器上加工,而在**可拒绝排序**(scheduling with rejection)中,允许拒绝一部分工件加工,同时接收并加工其余的工件。在通常情形下,如果一个工件被拒绝,我们需要支付一个对应的拒绝费用。		
180	可外包排序	录岭法	张利齐
	可外包排序(scheduling with outsourcing)类似于可拒绝排序,也是只需加工一部分工件,剩余部分工件可以转包给其他生产商。如果一个工件被外包,我们需要支付一个对应的外包费用。事实上,如果把外包费用看成拒绝费用,工件可外包排序与工件可拒绝排序在数学上是等价的。		
181	项目支付排序	何正文	徐渝
	项目支付排序(project payment scheduling)是使净现值最大的项目排序的一个分支,用以合理安排项目支付,包括支付次数、支付时间及支付量,以使得用净现值表示的项目收益最大。根据考虑主体的不同,可分别从承包商、业主及双方整合的视角建模求解。项目支付通常依赖于活动完成的进展程度,因此,在对支付进行排序时,一般需要同时确定活动的排序以及考虑不同的合同支付条件。如基于时间的支付、基于费用的支付、基于进展的支付和基于里程碑的支付等对排序结果的影响。项目支付排序的约束条件主要包括网络优先关系、项目截止日期及支付比例等。其决策变量通常为离散的,构建的模型多属于非线性整数规划。求解方法可分为精确算法和启发式算法两大类。前者可获得最优解,具有较高的理论意义;后者得到的是满意解,具有更强的实际应用价值。		
182	项目调度与协调	刘振元	刘士新
	项目调度与协调(project scheduling and coordination)也可以称为分布式项目调度(distributed project scheduling),已有研究多见于		

多项目环境。在多项目环境下,考虑在多项目之间共享资源,而这些资源由共享导致多项目之间存在资源冲突,因此,需要通过合适的协调机制以消解资源冲突,并同时考虑各项目内的调度问题,各项目内部可能还会存在内部资源约束,这种情形下则需考虑内部资源约束和外部资源协调分配下的项目调度。单项目环境下也存在项目调度与协调问题,项目执行中除内部资源的有效利用外,还需要协调部分外部资源来完成相关任务,而外部资源是独立的利益主体,通常有对应的时间窗、成本结构、能力与资质等特征,需要考虑外部资源协调机制使得在内外部资源约束下项目调度能满足成本、效益、进度、服务水平等目标。

（六）车间调度

序号	条目	执笔人	校阅人
183	流水车间调度	高亮	李新宇
	流水车间调度(flow shop scheduling)问题一般可以描述为 n 个工件要在 m 台机器上加工,每个工件需要经过 m 道工序,每道工序要求不同的机器。n 个工件在 m 台机器上的加工顺序相同。已知工件在机器上的加工时间,目标是确定工件在每台机器上的加工顺序,使得某个或某些性能达到最优(最大完工时间最小、最大流程时间最小、总拖期最小等)。此类问题的假设如下:每个工件加工路径相同,不允许改变;每个时刻,每台机器只能加工一道工序,工序不允许中断;一个工件不能同时在不同机器上加工;工序的准备时间忽略不计,或者包含在加工时间中。同时,流水车间调度问题是一个经典的理论问题,拥有简洁的形式、广泛的关联性和高度的计算复杂度。该问题的简洁性体现在,任务集合上的一个排列就代表了一个调度序列。而关联性和复杂性表现在,该问题代表了一大类具有排列性质的问题,许多组合优化问题都可以归纳为此类问题。		
184	作业车间调度	高亮	李新宇
	作业车间调度(job shop scheduling)问题一般可以描述为 n 个工件在 m 台机器上加工,每个工件有特定的加工工艺,给定每个工件使用机器的顺序及每道工序所花的时间,要安排在每台机器上工件的加		

	工序,使得某个或某些性能最优。此类问题的假设为:不同工件的工序之间没有顺序约束;某一工序一旦开始加工就不能中断,每台机器在同一时刻只能加工一个工序;一个工件不能同时在不同机器上加工;机器不会发生故障。另外,作业车间调度的目标就是确定每个机器上工序的加工顺序和每个工序的开工时间,使最大完工时间最小或其他指标达到最优。		
185	确定性机器调度	王冰	吴贤毅
	制造企业的生产制造可分两类:流程制造和离散制造。流程制造利用连续性的或生产流水线的形式生产产品。离散制造的产品往往由多个零件经过一系列并不连续的工序的加工最终装配而成,加工此类产品的企业可以称为离散制造型企业。例如火箭、飞机、武器装备、船舶、电子设备、机床、汽车等制造业,都属于离散制造型企业。离散式生产也称车间任务型生产,机器是离散制造业生产调度所涉及的主要生产资源,因此离散制造业中的生产调度也称为机器调度(machine scheduling),又因为机器调度通常以生产车间为底层基本单元,所以也常称为车间调度。处于生产环节底层的车间调度在企业管理中起着核心和关键作用。车间作为企业组织生产的基本单元,也是研究生产调度环节的基本单元。早期的机器调度问题研究的内容大多局限于已知参数的理想生产环境(确定性环境),这种在确定性环境下的机器调度问题及其调度方法称为**确定性机器调度**(deterministic machine scheduling)。就计算的复杂性来说,大多数确定性机器调度问题属于 NP-困难问题,具有相当的计算复杂性。		
186	不确定性机器调度	王冰	吴贤毅
	带有不确定性的机器调度问题和调度方法称为**不确定性机器调度**(uncertain machine scheduling)。根据考虑不确定因素的时机的不同,可以把不确定性机器调度分为主动(预测)调度、反应调度和预测反应调度。实际的机器调度环境存在各种各样的不确定性,导致了确定性机器调度所要求的条件难以满足。从不同的角度,可以得到不同的不确定性分类方式: 　　(1)按照不确定因素的来源,将不确定性分为四大类型:系统固有的不确定性、生产过程中产生的不确定性、外部环境中的不确定性和离散的不确定性。		

（2）按照不确定因素的关联，将不确定性分为两大类：与资源相关的不确定性和与工件相关的不确定性。与资源相关的不确定性形式主要有机器故障、操作人员变动、工具的可用性、负载限制、材料短缺或材料到达时间延迟以及材料缺陷程度等。与工件相关的不确定性形式主要有紧急工件的到达、工件的取消、交货期的改变、工件提前或拖期到达、工件优先权的改变以及工件加工时间的改变等。

（3）按照不确定性的可预测性，将不确定性分为三类：完全不可知的不确定性、对未来猜想的不确定性和已知的不确定性。完全不可知和对未来猜想的不确定性称为不可预测的不确定，也称为扰动。已知的不确定性称为可预测的不确定性。

187	随机机器调度		王冰	吴贤毅

如果不确定性可以用随机概率分布来描述，并将不确定机器调度建立在随机优化理论之上，这时的不确定机器调度称为**随机机器调度**（stochastic machine scheduling），其目标通常为期望性能。

188	车间动态调度		高亮	李新宇

车间动态调度（shop dynamical scheduling）通常是指在调度环境和任务存在不可预测扰动情况下所进行的调度。与静态调度相比，动态调度能够针对生产现场的实际情况生成更具可操作性的调度方案。车间中的动态事件一般可分为与任务相关、与资源相关、与工序相关以及其他类情况。动态调度的实现方式有两种：一是事先不存在静态调度方案，直接按照生产系统中工件和设备的状况以及相关信息，使用某种计算方法，确定工件的加工优先级，即实时调度；二是在已有静态调度方案的基础上，根据生产系统的现场状态，及时进行静态调度方案的调整，此种方式常常被称作"重调度"（又称在线优化）。以上两种方式皆可获得可操作的调度决策方案，但又有所不同。实时调度在决策中往往只考虑局部信息，因此得到的调度结果可能与优化的调度方案有较大偏差，虽然可行，但与优化方案还有较大距离；重调度则是在已有静态调度方案的基础上，根据实际生产状况，进行静态方案的动态调整，保证其可操作性。静态调度方案往往是通过优化方法考虑多个性能指标获得的，因此重调度能够获得更加优化的动态调度结果。

189	柔性	潘郁	王万良

　　柔性(flexible)是系统对环境的变化做出反应的能力。制造系统的柔性不仅取决于它所能接受的状态范围,而且取决于它从一个状态转移到另一个状态的难易程度。系统柔性应该在三维空间中度量,即状态范围维、状态转移成本维和状态转移时间维。柔性的多维度量方法采用柔性的适用范围、时间、成本作为评价柔性的指标。

190	柔性排序	潘郁	王万良

　　柔性排序(flexible scheduling,FS)是指能根据制造任务或生产环境的变化,自动、敏捷和精准地进行调整排序决策的机制。它被广泛运用于多品种、中小批量生产。其内容包括目标柔性、描述柔性、算法柔性、敏捷柔性、鲁棒柔性、维护柔性、加工柔性等。

191	柔性作业车间调度	高亮	李新宇

　　柔性作业车间调度(flexible job scheduling)问题一般可描述为 n 个工件在 m 台机器上加工;每个工件包含一道或多道工序;工序顺序是预先确定的;每道工序可以在多台不同加工机器上进行加工;工序的加工时间随加工机器的不同而不同;调度是为每道工序选择最合适的机器,确定每台机器上各道工序的最佳加工顺序及开工时间,使得某个或某些性能最优。因此,柔性作业车间调度问题包含两个子问题:确定各工件的加工机器(机器选择子问题)和确定各个机器上的加工先后顺序(工序排序子问题)。此类问题有以下假设条件:同一台机器在某一时刻只能加工一个工件;同一工件的同一道工序在同一时刻只能被一台机器加工;每个工件的每道工序一旦开始,加工便不能中断;不同工件之间具有相同的优先级;不同工件的工序之间没有先后约束;同一工件的工序之间有先后约束;所有工件在零时刻都可以被加工。

192	产品组合与调度集成优化	陈剑	王军强

　　产品组合与调度集成优化(integrated product mix and scheduling,IPMS)综合考虑生产能力、产品加工工艺等约束,确定企业生产的产品种类和数量及接单产品在机器上的加工顺序,通过对产品组合优化决策和调度优化决策进行集成优化决策以使得企业收益最优。产品组合与调度集成优化是传统产品组合优化问题与生产调度问题的结合,属于NP-困难问题。

193	集成式工艺规划与车间调度	高亮	李新宇

集成式工艺规划与车间调度（integrated process planning and scheduling，IPPS）的主要目的是通过工艺规划与车间调度的集成与优化，可以在工艺设计时就考虑到加工现场的资源利用状况，这对于消除加工现场资源冲突、提高设备利用率、缩短产品制造周期、提高产品质量和降低制造成本具有重要意义。根据已有的 IPPS 的研究成果，可以把 IPPS 问题分成三种基本的模型：非线性式工艺规划（NLPP）、闭环式工艺规划（CLPP）及分布式工艺规划（DPP）。NLPP 是最基本的集成模型，一般可描述为 n 个工件在 m 台机器上加工，每个工件包含可选的工艺路线和制造资源（包括机器、工具等）。IPPS 的目的是确定每个工件的合适加工工艺，同时根据确定的工艺为每道工序选择最合适的机器，确定每台机器上各个工件工序的最佳加工顺序以及开始加工时间，使得某个或某些性能达到最优。

194	加工装配流水车间调度	陈剑	王军强

加工装配流水车间调度（fabrication and assembly flowshop scheduling）是指装配阶段的流水车间调度问题。加工装配流水车间的生产由零部件加工阶段和装配阶段组成，零部件首先在加工阶段进行加工，再送到装配阶段进行装配。其中零部件加工阶段可分为单阶段并行机、并行流水线、柔性流水线等情况。单阶段并行机由一组并行机构成；并行流水线由并行的多条流水线构成；柔性流水线由多组并行机串行构成。加工装配流水车间调度满足装配型产品的零部件齐套型等约束条件，通过合理安排工件零部件的加工机器和加工顺序，并协同安排产品装配顺序，以满足或优化一个或多个调度性能指标。

（七）多功能机排序

序号	条目	执笔人	校阅人
195	多功能机	井彩霞	唐国春

经典排序中的机器是对所有的工件都能进行加工的机器。**多功能机**（multipurpose machine 或者 multi-purpose machine）是只能对部

分工件进行加工的机器,或者说机器加工的功能只是对部分的工件是有效或者有用的。在排序问题的三参数 $\alpha \mid \beta \mid \gamma$ 表示中,在第一个参数 α 中用 MPM 表示机器是多功能机。

196	多功能机排序		井彩霞	唐国春

多功能机排序(multipurpose machine scheduling 或者 MPM scheduling)是指机器为多功能机的排序。在多功能机排序中,每个工件的加工都需要指定的器具,其只能在配备了指定器具的机器上进行加工。这样机器和工件之间就形成了一种对应关系,即每台机器对应于它能够加工的若干个工件,而每个工件对应能加工它的若干台机器。在不可中断的情形下,多功能机排序需要考虑各个工件加工机器的分配和加工次序的安排。

197	加工集合		井彩霞	张新功

在多功能机排序中,如果与工件 j 相对应的机器集合为 $\mu \subseteq \{M_1, M_2, \cdots, M_m\}$,即工件 j 只能在集合 μ 中的机器上加工,则称集合 μ 为工件 j 的**加工集合**(processing set)。

198	嵌套结构		井彩霞	张新功

一组集合具有**嵌套结构**(nested structure)是指这组集合中任意两个集合 A 和 B,有 $A \cap B = \emptyset$ 或 $A \cap B = A$ 或 $A \cap B = B$。嵌套结构多用于描述多功能机排序中加工集合的结构特点。

199	包含结构		井彩霞	张新功

一组集合具有**包含结构**(inclusive structure)是指这组集合中任意两个集合 A 和 B,有 $A \cap B = A$ 或 $A \cap B = B$。包含结构多用于描述多功能机排序中加工集合的结构特点。

200	区间结构		井彩霞	唐国春

区间结构(interval structure)用于描述在多功能机排序中有如下结构特点的加工集合:假设有 n 个工件和 m 台机器 $M_1, M_2, \cdots, M_m$,加工集合满足区间结构是指对任一工件 $J_j(j = 1, 2, \cdots, n)$,其加工集合满足 $\mu_j = \{M_{a_j}, M_{a_{j+1}}, \cdots, M_{b_j}\}, 1 \leqslant a_j \leqslant b_j \leqslant m$。

201	树型层次结构	井彩霞	唐国春

树型层次结构(tree-hierarchical structure)描述的是多功能机排序中工件的加工集合满足树形的结构特点。假设有 n 个工件和 m 台机器 M_1，M_2，$\cdots$，M_m，加工集合满足树型层次结构是指每台机器 M_i 都可视为树的一个结点，任一工件 $J_j(j = 1, 2, \cdots, n)$ 的加工集合都由其关联结点 M_{a_j} 和从 M_{a_j} 到树的根结点的唯一路径上的所有结点构成。

202	并行多功能机排序	井彩霞	唐国春

并行多功能机排序(parallel multi-purpose machine scheduling)是指在并行机环境下且机器为多功能机。假设有 n 个工件要在 m 台并行机 M_1，M_2，$\cdots$，M_m 上加工，每个工件只能在其加工集合 $\mu \subseteq \{M_1, M_2, \cdots, M_m\}$ 中的任一台机器上加工。各个工件的加工集合之间可以有交集。用三参数法表示为 P MPM $|\beta|\gamma$。

203	流水作业多功能机排序	井彩霞	唐国春

流水作业多功能机排序(flow shop with multi-purpose machines scheduling)是指在流水作业环境下且机器为多功能机。假设有 n 个工件和 m 台机器，每个工件都由 r 道工序 $O_{i1} \to O_{i2} \to \cdots \to O_{ir}$ 构成，这里称 r 为该流水作业问题的阶数，所有工件的同阶工序具有相同的加工集合，且不同阶的工序加工集合不同，即 $O_{ij}(i = 1, 2, \cdots, n; j = 1, 2, \cdots, r)$ 的加工集合为 $\mu_{ij} = \mu_j \subseteq \{M_1, M_2, \cdots, M_m\}$，且对 $j \neq l$ 有 $\mu_j \neq \mu_l$。流水作业多功能机排序可视为异序作业多功能机排序的一种特殊情况。用三参数法表示为 F MPM $|\beta|\gamma$。

204	自由作业多功能机排序	井彩霞	唐国春

自由作业多功能机排序(open shop with multi-purpose machines scheduling)是指在自由作业环境下且机器为多功能机。假设有 n 个工件和 m 台机器，每个工件都由无指定顺序的 r 道工序 O_{i1}，O_{i2}，$\cdots$，O_{ir} 构成，这里称 r 为该自由作业问题的阶数，所有工件的同阶工序具有相同的加工集合，且不同阶的工序加工集合不同，即 $O_{ij}(i = 1, 2, \cdots, n; j = 1, 2, \cdots, r)$ 的加工集合为 $\mu_{ij} = \mu_j \subseteq \{M_1, M_2, \cdots, M_m\}$，且对 $j \neq l$ 有 $\mu_j \neq \mu_l$。自由作业多功能机排序可视为工序间没有先后约束的流水作业多功能机排序。用三参数法表示为 O MPM $|\beta|\gamma$。

205	异序作业多功能机排序	井彩霞	唐国春
	异序作业多功能机排序(job shop with multi-purpose machines scheduling)是指在异序作业环境下且机器为多功能机。假设有 n 个工件和 m 台机器,每个工件由 n_i 道工序 $O_{i1} \rightarrow O_{i2} \rightarrow \cdots \rightarrow O_{in_i}$ 构成,工序 $O_{ij}(i = 1, 2, \cdots, n; j = 1, 2, \cdots, n_i)$ 只能在其加工集合 $\mu_{ij} \subseteq \{M_1, M_2, \cdots, M_m\}$ 中的任一台机器上加工。用三参数法表示为 $J \ \mathrm{MPM} \ |\beta|\gamma$。		
206	机器权限	张安	谈之奕
	多功能机可以刻画**机器权限**(machine eligibility),即某个工件的加工集合中的机器有权限加工该工件,不在加工集合中的机器没有权限加工该工件。		

(八)随机调度

序号	条目	执笔人	校阅人
207	随机排序	吴贤毅	蔡小强
	随机排序(stochastic scheduling)是处理随机场合的排序问题。在随机排序问题中,各个参数如加工时间、交货期等都不能事前完全知道,处理方案一般有两个:稳健排序(也称为鲁棒排序(robust scheduling))和随机排序。前者通常给出所有可能参数值下最坏情况的最优解,后者则是考虑概率论随机因素对问题进行求解。随机排序的原理为:虽然问题的参数事先未知,但可根据同样或类似排序问题大量使用与否,运用概率论中的频率学派或贝叶斯学派思想,把这些参数归结为随机变量。一旦用概率论框架来表述调度问题,其优化目标也是随机变量,需要在概率意义下求最优解。目前常用方法是对目标的数学期望进行优化,当然也对目标的某个分位数或其他风险度量准则,甚至是效用函数进行优化的。实际上,当一部分随机变量实现或者部分实现之后,决策者对未实现或者未完全实现之随机变量的分布(亦即条件分布)会有新的认识。如果技术允许,原有策略应该基于更新的信息进行合理修正,这使得随机排序的策略带有动态特征。		

208	随机调度策略	包文清	吴贤毅

　　随机调度策略（stochastic scheduling policy）描述在随机环境下如何安排工件进行加工，通常具有动态的特性。在每个决策点，通常表现为到该决策点为止的工件加工过程的函数。在确定性调度领域很少提到策略这个概念。在随机调度问题中，根据技术条件的不同，策略有静态策略（static policies）和动态策略（dynamic policies 或者 adaptive policies）之分，而后者又分为完全动态策略（unrestricted dynamic policies）和不完全动态策略（restricted dynamic policies）。实际上，静态策略随机调度跟确定性调度在含义上并无特别差异，只是数学期望等准则下的目标函数会给求解带来新的挑战。就随机排序最本质部分的动态策略而言，目前最好的方法是离散时间和连续时间上的随机动态规划方法（stochastic dynamic programming），即在每个决策点（decision epochs），决定下一个该处理的工件，以便最大化利益或者最小化成本。这方面最负盛名的当属多臂赌博模型及其最优解 Gittins 指数策略。另外，策的动态、静态概念也可以与工件加工的可中断性（preemptive）、加工机器的故障（或者中断，breakdown）等结合，组合出更复杂的策略类型。

209	频率方法	包文清	吴贤毅

　　频率（frequency）**方法**和贝叶斯（Bayes）方法是对待不确定性（uncertainty）的两种哲学观点，它们长期对立，长期共存。为辨明概念，我们用工件加工时间 P 为例。如果 P 是已知的，则为确定性调度。如果 P 未知，则 P 的值具有不确定性。对此，不同的知识或者观点会带来不同的处理方法：

　　（1）确定性鲁棒调度：如果 P 可以取一些值，但是不知道是哪个值，而且 P 取哪一个值也没有明确的概率解释，我们采用鲁棒调度的方法来处理这个问题；

　　（2）频率方法：如果 P 的取值虽然未知，但是同样的调度问题会大量重复出现，处理时间 P 不同的取值可以看成由某个（已知的）概率分布来支配，我们称之为随机调度问题，采用概率论的方法来寻求解决方案；

　　（3）贝叶斯方法：如果 P 的取值未知，但是不能大量重复出现，即面对的是一次具体的调度。贝叶斯学派认为处理时间 P 的不确定性依然可以用概率分布来刻画，因此可以采用基于概率论的方法进行处

	理。其中的概率称为主观信仰(subjective belief),目前已经发展了一些确定分布的方法。		
210	多臂赌博模型	包文清	吴贤毅

　　多臂赌博模型(multi-armed bandit processes)又称为多臂赌博过程模型,或者多臂老虎机模型,是一种特殊类型的动态随机控制模型。它由一组并行的可控随机过程(称为臂,arm)组成,每个随机过程可演进或停止,一旦向前演进,该过程就给出一个报酬流。其目的在于确定臂的选择机制和停时策略,使得期望折扣总报酬(expected discounted total reward)达到最大或者期望总折扣成本(expected discounted total cost)为最小。该模型也可考虑被称为长期期望报酬率的目标函数,其定义为总报酬除以总时长在时长趋于无穷时的极限。多臂赌博模型的基本模型由有限个统计独立的臂构成,称为封闭的多臂赌博模型(closed multi-armed bandit processes),它有许多变种。

　　如果所有涉及的随机过程的分布完全已知,在概率论框架下研究得出:封闭赌博过程(包括离散时间和连续时间两个版本)、带随机到达的开放赌博过程以及广义赌博过程和时间可回调模型皆存在最优解。反之,假定所涉及的概率分布不完全知道,需要用统计学推断方法寻找最优策略,这部分内容构成了现代强化学习(reinforcement learning)的基石之一,在诸如精准营销、广告推荐、精准医疗等领域都有重要应用。

　　多臂赌博模型也是一种随机调度模型,其中,臂相当于工件,而机器对工件的加工则解读为臂的选择,因此臂的分配策略对应于随机调度中的工件加工策略。

211	期望折扣成本和折扣总报酬	包文清	吴贤毅

　　折扣成本(discounted cost)和折扣总报酬(total discounted reward)是来自经济学的概念。在随机调度领域,由于随机性存在,把性能度量(performance measures)目标调整为**期望折扣成本**或者**期望折扣总报酬**,多臂赌博过程就是以期望总报酬为最优化目标函数的一个例子。以期望折扣成本为例,它的更一般形式为期望加权折扣成本(expected weighted discounted cost)。比如,$E\left[\sum_{i=1}^{n} w_i \int_{0}^{C_i} e^{-rt} dt\right]$就是其中一例,其中$w_i$、$C_i$分别为工件$i$的权重、完工时间,$r$为折扣率。

212	Gittins 指数	包文清	吴贤毅

Gittins 指数（Gittins index）在解决多臂赌博过程中至关重要，是 Gittins 和 Jones 于 1972 年在研究离散时间封闭赌博过程时最先定义的。设 $B_1,B_2,\cdots,B_n$ 为 n 个独立的离散时间随机过程（arms），记 B_i 在时刻 t 的状态为 $x_i(t)\in E_i$，其中 E_i 是状态空间；$r_i(\bullet)$ 是 E_i 上的报酬函数；a 为折扣因子，取值在（0，1）。则 $v(B_i,x_i)=$

$$\sup_{\tau>0}\frac{E\left[\sum_{t=0}^{\tau-1}a^t r_i(x_i(t))\,|\,x_i(0)=x_i\right]}{E\left[\sum_{t=0}^{\tau-1}a^t\,|\,x_i(0)=x_i\right]}\quad\text{为状态 } x_i \text{ 的 Gittins 指数。}$$

当然，Gittins 指数还包括连续时间以及开放赌博过程的 Gittins 指数等形式，但均具有"折扣报酬期望与折扣时间的比值"这一特点。a 取 1 时的 Gittins 指数应用于长期期望报酬率的情形。为了克服停时的复杂性造成 Gittins 指数的数值计算困难，人们发展了一些方法来计算状态个数有限时的 Gittins 指数以及近似一般条件下的 Gittins 指数。如适用于有限状态空间的可达区域算法（achievable region algorithm），最大剩余指数算法（largest-remaining index algorithm）。另外，若用贝叶斯方法处理对随机变量分布规律认识的不确定性，会出现带随机参数的 Gittins 指数。在每一个决策点，需根据参数的后验分布更新指数，故称为后验 Gittins 指数（posterior Gittins indices）。在某些特定场合，可以归结为一步折扣报酬率（one-step discounted reward rate）。

213	Gittins 指数策略	包文清	吴贤毅

Gittins 指数策略（Gittins index policies）或 Gittins 指数定理，适用于封闭多臂赌博过程、带随机到达的开放赌博过程、广义赌博过程和带时间回调的赌博过程。对这些过程，最优策略总是把稀缺资源分配给具有最大 Gittins 指数（见 Gittins 指数条目）的臂（arm），各个过程的 Gittins 指数的计算公式略有不同。Gittins 指数策略最大的好处来自求解中的降维效果，因而缓解维数祸根问题（curse of dimensionality）。比如每个臂有 10 个状态，对于 10 个臂构成的赌博过程，若用动态规划方法求解，需要考虑的状态共有 10^{10} 个，而使用 Gittins 指数策略，只需要计算 $10\times10=100$ 个 Gittins 指数，从维度的

角度来说,这极大地降低了计算的复杂程度。然而,对无休赌博过程、带转换成本(switching cost)或者转换延迟(switching delay)的赌博过程,Gittins 指数策略不是最优的。实际上,对这两类过程,现在还不知道其最优策略的数学形式,恐怕也不存在一个好的数学形式,人们在实际应用中只能求助于动态规划方法数值求解。

214	停时		包文清	吴贤毅

停时(stopping time)是一个随机过程概念,大量应用于随机调度最优动态策略的研究中。尤其是在 Gittins 指数的计算中就需要停时这个概念,在 Gittins 指数策略的最优性的证明中需以最优停时为工具。设(Ω, F, Pr)是带流的概率空间,其中 Ω 是样本空间,$F = \{F_t\}_{t \in [0,\infty)}$ 为 σ-代数流,Pr 是其上的概率测度。如果对于所有的 $t \in [0, \infty)$,随机变量 v 满足$(v \leqslant t) \in F_t$,那么 v 称为 F-停时。对于任何停时 v,记 F_v 为 v 前 σ-代数,M_v 是满足 $\tau \geqslant v$ 的所有停时组成的集合。如果循序过程$\{X_t, t \in [0, +\infty]\}$(通常表示收益)满足条件$E[\text{esssup}|X_t|] < \infty$,那么满足 $\sup\limits_{\tau \in M_v} E[X_\tau | F_v] = E[X_{\tau^*} | F_v]$ 的停时 τ^* 就是最优停时(optimal stopping times),即在所有停时中期望收益达到最大的那个停时。这里,esssup 表示本性上界。

215	随机机器中断		包文清	吴贤毅

机器中断(machine breakdowns)是指机器在加工工件的过程中会时不时地中断运行。**随机机器中断**(stochastic machine breakdowns)的随机性体现为机器中断次数、机器每次正常运行时间和中断持续时间均为随机变量。涉及机器中断的随机调度模型求解过程中一个重要的量是工件的机器总占用时间(occupying time)。若一个工件的处理时间是 P,由于机器中断,该工件实际占用机器的时间一般不再是 P,而是另一个随机变量,该变量由工件处理时间 P 和机器中断特性共同决定。机器中断包括一些子类型,例如,中断-恢复(preemptive-resume)又称为无损失中断模型(non-loss breakdown model)、中断-重复(preemptive-repeat)又称为完全损失中断模型(total-loss breakdown model)和部分损失中断模型(partial-loss breakdown model)等。

216	随机序		包文清	吴贤毅

随机序(stochastic orders)是概率论中的基本概念,不同于排序

与调度（scheduling）中的序（sequence）。随机序指的是按照一定的标准比较随机变量的大小。例如，两个随机变量之间标准随机序（standard stochastic order）定义为：如果对任意实数 t，皆有 $Pr(X>t)\leqslant Pr(Y>t)$，则 $X_{\mathrm{st}}\leqslant Y$。随机调度中涉及的随机序包括危险率序（hazard-rate order）、似然比序（likelihood-ratio order）、几乎必然序（almost-sure order）、期望序（mean order）等。随机序常用来作为随机调度中随机目标函数或者与工件、机器有关的随机变量之间的比较。

（九）鲁棒调度

序号	条目	执笔人	校阅人
217	鲁棒排序	陈秋双	涂奉生

　　鲁棒排序（robust scheduling）为解决不确定性的一类排序问题，通过事先考虑环境中一定程度的不确定性，使得产生的预排序（predictive schedule）具有抵御可预测的扰动的能力，其关注的焦点是预排序在不确定环境下的稳定性。

　　目前，在鲁棒排序中考虑的不确定性主要是工件加工时间的不确定性和机器故障。鲁棒排序的概念针对不同的研究问题和要求，有不同的含义。如：扰动发生后，①预排序仍为一个可行排序（工件加工次序和开始加工时间可以维持不变）；②预排序为可行排序的概率不低于某一水平；③对预排序的实时调整限定在某一局部范围之内。常用鲁棒排序方法有时间冗余法、鲁棒优化、多目标优化等。鲁棒排序方法通常应用于不希望频繁调整预排序的场合。

　　鲁棒排序的概念应用非常广泛，除鲁棒机器排序外，还有鲁棒项目排序、鲁棒航班排序等，在这些领域，多数称为鲁棒调度。

218	狭义鲁棒机器调度	王冰	吴贤毅

　　鲁棒机器调度（robust machine scheduling）有狭义和广义两种定义。当不确定性用场景集合来描述时，不确定机器调度基于鲁棒离散优化理论而建立，这种不确定机器调度以主动的模式把改善不确定调度的鲁棒性作为其显性目标，称为**狭义鲁棒机器调度**（robust machine scheduling in a narrow sense）。狭义鲁棒机器调度的目标为

	改善调度解的鲁棒性,基于鲁棒优化模型而建立,体现形式可以多种多样。		
219	广义鲁棒机器调度	王冰	吴贤毅
	主动模式调度、反应模式调度和混合模式调度是不确定机器调度的三种模式。它们在处理不确定机器调度时都遵从接受不确定性、努力理解和描述不确定性的前提,并主动或被动、显性或隐性地以改善调度的鲁棒性为目标。我们把这三种不确定机器调度模式统称为**广义鲁棒机器调度**(robust machine scheduling in a broad sense)。通过扩展狭义鲁棒机器调度概念的外延,可以将不同模式的不确定机器调度统一在"广义鲁棒机器调度"这一概念之下。		
220	不可预测的不确定性	王冰	吴贤毅
	完全不可知和对未来猜想的不确定性称为**不可预测的不确定性**(unpredictable uncertainty),也称为**扰动**。		
221	可预测的不确定性	王冰	吴贤毅
	已知的不确定性称为**可预测的不确定性**(predictable uncertainty)。		
222	场景	王冰	吴贤毅
	参数的不确定性指参数取值的不唯一性。参数取每个值(多参数的场合为各参数值的每一个组合)对应着事物后面的一个特定的(可能是潜在的、不可观察的)状态,因而,特定的输入数据表示决策模型中不确定参数背后的一个潜在的、具体状态的实现,这种状态被称为**场景**(scenario)。按照输入数据取自给定区间和给定离散值,场景又分为区间场景和离散场景两种形式。 对于机器调度问题,不同的场景一般对应于机器上所有作业的处理时间的组合。为了确定所有机器上处理作业所需时间,需要明确导致不确定的所有可能的因素,包括工具的状况、前一阶段加工后所接收的工作的状况、机器操作员的疲劳程度及其工作经验、未经测试的加工技术、在机器上的适当位置(紧固件、托盘等),以及造成参数的不确定性的主要因素之间的相关性(如工具条件可能会以同样的方式影响所有作业的处理时间),并依据这些因素提炼出有可能的主要场景以及消除不切实际的场景。		

223	区间场景		王冰	吴贤毅

　　如果描述不确定输入参数整体可能取值的集合是用各自独立的区间表达,则描述该不确定输入参数的场景称为**区间场景**(interval scenario)。

224	离散场景		王冰	吴贤毅

　　如果描述不确定输入参数整体可能取值的集合是用各自独立的离散值表达,则描述该不确定输入参数的场景称为**离散场景**(discrete scenario)。

225	场景集		王冰	吴贤毅

　　场景集(scenario set)是不确定调度实例中不确定输入参数的所有可能场景的集合。场景集可以类比于概率论中的样本空间,而场景则相应可以类比于样本空间中的点。熟悉概率论的读者从这个角度可能更容易理解场景和场景集的概念。

226	场景方法		王冰	吴贤毅

　　基于不确定参数的场景集合描述而进行的不确定决策方法称为**场景方法**(scenario approach)。在场景方法中,有纯场景方法和随机场景方法两种类型。

227	纯场景方法		王冰	吴贤毅

　　纯场景方法(pure scenario approach)是指对描述不确定参数的各个场景的出现不附加概率解释的场景方法。在纯场景方法中,决策者专注不确定参数可能实现的多种结果,漠视每种结果出现的概率或可能性。因为场景没有附加概率的解释,其中的任何一个都将可能成为明天的现实。所以决策者需要准备好应对所有可能结果中的任何一个。

228	随机场景方法		王冰	吴贤毅

　　随机场景方法(stochastic scenario approach)是指对描述不确定参数的各个场景出现附加概率解释的场景方法。随机场景方法下已知不确定参数的所有可能场景的出现概率,实际上就是给出了不确定参数的一种离散的概率分布,因此,这种情况下的场景方法可以按照随机优化的方式进行。有两种哲学可以给场景赋予概率,主观概率和客观概率,前者强调主观认知,后者强调客观存在并给予大量重复

	意义下的频率解释,读者可以参考统计学中相关主观概率与客观概率(或者贝叶斯学派和频率学派)的相关争论。		
229	基于场景的邻域结构	王冰	吴贤毅
	基于场景的邻域结构(scenario-based-neighborhood structure)是指基于不确定参数的离散场景描述构建的邻域结构。单场景邻域、合并场景邻域和最坏场景邻域都是基于场景的邻域结构。		
230	均值模型	王冰	吴贤毅
	在纯场景方法中,以不确定参数的所有场景下的均值性能为调度目标建立的优化模型为**均值模型**(the mean-value model)。		
231	期望模型	王冰	吴贤毅
	在随机场景方法中,以不确定参数的所有场景下的期望性能为调度目标建立的优化模型为**期望模型**(the expectation model)。		
232	鲁棒调度解	王冰	吴贤毅
	鲁棒调度解(robust solution)也称为鲁棒调度方案(robust schedule)。如果一个调度解在所有不确定性的实现中按一定准则都表现得"好"或"不太坏",那么就称其为鲁棒调度解。		
233	调度的鲁棒性	王冰	吴贤毅
	通俗地说,**调度的鲁棒性**(robustness of schedule)是指调度抵抗不确定性的干扰保持"好"或"不太坏"的能力。调度的鲁棒性又可分为调度的性能鲁棒性和调度的方案鲁棒性。性能鲁棒性和方案鲁棒性是从两个不同的角度去度量调度鲁棒性,二者是密不可分的,因为调度方案偏离很可能带来性能的偏离,而性能偏离肯定伴随着调度方案的偏离。		
234	调度性能的鲁棒性	王冰	吴贤毅
	调度性能的鲁棒性(robustness for schedule performance)也称为品质鲁棒性,是指调度解的某个或某些性能(或品质)在面对不确定性干扰时保持"好"或"不太坏"的能力。		
235	调度解的鲁棒性	王冰	吴贤毅
	调度解的鲁棒性(robustness for schedule solution)也称为调度		

	方案的鲁棒性或稳定鲁棒性,是指调度解的方案(加工操作的机器和时间安排)在面对不确定性干扰时保持"好"或"不太坏"的能力。		
236	鲁棒度量	王冰	吴贤毅
	鲁棒度量(robustness measure)是对调度鲁棒性的定量度量。鲁棒调度的目标是改善调度鲁棒性,因而应体现为鲁棒度量的最大化。然而在鲁棒调度中具体使用的通常是鲁棒性指标,鲁棒度量更多是一种抽象概念。		
237	鲁棒性指标	王冰	吴贤毅
	鲁棒性指标(robustness criterion)是指在不确定调度中反映决策者风险偏向的刻画调度鲁棒性的定量优化指标。鲁棒调度以鲁棒性指标为优化目标,鲁棒性指标的多样性导致鲁棒调度模型的多样性。鲁棒性指标并不等同于鲁棒度量。例如,以最小化最坏情形(worst-case)下的调度性能建立的最小-最大(min-max)调度模型,最坏情形下的调度性能是鲁棒性指标,min-max 调度模型的目标为最小化该鲁棒性指标。此处鲁棒性指标体现的是鲁棒度量的反向,鲁棒性指标越小,体现调度的鲁棒性越强,鲁棒度量应该越大。 对应调度的性能鲁棒性和调度的解鲁棒性,也有性能鲁棒性指标和解鲁棒性指标两种类型。上述 min-max 调度模型中的调度目标是一种性能鲁棒性指标。		
238	鲁棒调度的优化性	王冰	吴贤毅
	在鲁棒调度中对调度解的评价可以有鲁棒性和优化性两个方面。由于鲁棒调度解放弃了追求在单一场景下的性能最优,而以兼顾所有场景下解的性能不恶化为目标,势必会造成调度解在不同场景下相对其最优性能的下降。**鲁棒调度的优化性**(optimality of robust schedule)是指在不确定环境下调度解保持原始性能(对应确定性调度问题的优化目标)优质的能力。		
239	优化性指标	王冰	吴贤毅
	优化性指标(optimality criterion)是表征调度解优化性的指标。通常以调度解在所有场景下的期望(均值)性能为优化性指标。在对应确定性调度问题的优化目标为最小化的情况下,调度解的优化性指标体现的是优化性的反向,优化性指标越小,反映调度解的优化性越强,反之亦然。		

240	绝对鲁棒代价		王冰	吴贤毅

  鲁棒调度解的鲁棒性和优化性是对立统一的关系。调度解鲁棒性的改善会付出优化性下降的代价。一个鲁棒解所付出的优化性下降代价的绝对值称为该鲁棒解的**绝对鲁棒代价**(absolute robust price)。如果以调度解在不确定参数下的期望(均值)性能为优化性指标,在给定的不确定参数下,优化性最优值为期望(均值)模型的最优目标值,所评价调度解的绝对鲁棒代价为该调度解的期望(均值)性能与优化性最优值的偏差。

241	相对鲁棒代价		王冰	吴贤毅

  一个鲁棒解所付出的优化性下降代价的相对值为该鲁棒解的**相对鲁棒代价**(relative robust price)。相对鲁棒代价为绝对鲁棒代价相对优化性最优值的比值。不同的鲁棒优化模型得到的鲁棒解的鲁棒代价不同,期望(均值)模型得到的解的鲁棒代价为零,因为该模型仅以优化性为目标,没有对调度解的鲁棒优化,无须付出优化性下降的代价。最坏场景模型得到的解的鲁棒代价最大。最大后悔模型、坏场景集模型得到的解的鲁棒代价比最坏场景模型得到的解的鲁棒代价更低。

242	鲁棒解的保守性		王冰	吴贤毅

  鲁棒解的保守性(conservativeness of robust solution)是指不确定调度中鲁棒解为改善解的鲁棒性所付出的优化性降低的性质。鲁棒代价的高低反映鲁棒解保守性的强弱。鲁棒代价越高,则鲁棒解的保守性越强,反之亦然。

243	鲁棒优化模型		王冰	吴贤毅

  以某一或几个鲁棒性指标为优化目标的模型为**鲁棒优化模型**(the robust optimization model)。此处鲁棒优化模型应用于狭义鲁棒机器调度,其中的鲁棒性指标为性能鲁棒性指标。按照决策者的风险偏向不同,鲁棒优化模型可分为风险厌恶型鲁棒优化模型和风险中性型鲁棒优化模型。最坏场景模型和最大后悔模型都是风险厌恶型鲁棒优化模型,这一类模型体现决策者极端的厌恶风险偏向,关注不确定环境中的极端最坏情况。风险中性型鲁棒优化模型体现决策者相对中性的厌恶风险偏向,关注包括最坏情况在内的一部分相对较坏

情况。坏场景集模型(包括阈值坏场景集和数目坏场景集)是风险中性型鲁棒优化模型。

| 244 | 最坏场景模型 | 王冰 | 吴贤毅 |

　　最坏场景模型(the worst-scenario model)也称为绝对鲁棒(absolute robust)模型或 min-max 模型,是纯场景方法下的鲁棒优化模型,是以最坏场景下的性能最小化为调度目标的鲁棒优化模型。这是传统的鲁棒调度模型,调度目标关注的是一个极点场景(extreme-point scenario)的性能,缺点是鲁棒解的保守性最强。

| 245 | 最大后悔模型 | 王冰 | 吴贤毅 |

　　最大后悔模型(the min-max regret model)也称为相对鲁棒(relative robust)模型,是纯场景方法下的鲁棒优化模型。在任意场景下给定调度解性能与该场景下的最优调度解性能的差值为该场景下的后悔值(regret),以最小化所有场景中的最大后悔值为调度目标的鲁棒优化模型称为最大后悔模型。最大后悔模型调度目标关注的也是一个极点场景,但所得最大后悔鲁棒解比最坏场景鲁棒解的保守性更弱。

| 246 | 坏场景集 | 王冰 | 吴贤毅 |

　　场景方法中描述不确定参数的场景集合中有部分场景在给定调度解下实现的性能按照一定标准被认为是"坏的"(不合格的),这样的场景被称为给定调度解下的坏场景(bad scenario),所有这样的坏场景的集合称为该调度解在该标准下的**坏场景集**(bad scenario set)。因此,坏场景的概念一定是基于给定标准相对给定调度解而言的;抛开标准和调度解,描述不确定参数的场景是客观的,没有好坏之分。坏场景集的概念可以把传统鲁棒调度模型中对单一极点场景的关注扩展到对多个极点场景组成的场景集的关注,从而降低所得鲁棒解的保守性。判定场景好坏的标准可以不同,阈值坏场景集和数目坏场景集是两种不同标准下的坏场景集概念。

| 247 | 阈值坏场景集 | 王冰 | 吴贤毅 |

　　把给定的性能阈值作为判断坏场景的标准,**阈值坏场景集**(threshold bad-scenario set)指在给定调度解下所实现性能不好于给定性能阈值的部分坏场景的集合。阈值坏场景集中的任一场景都称

	为该调度解基于给定阈值的坏场景。为了体现厌恶风险的偏向,给定的阈值性能通常不好于所有场景均值(或期望)性能的最优值。		
248	阈值坏场景集模型	王冰	吴贤毅
	由于阈值坏场景集中的坏场景在所给定调度解下实现的系统性能是不合格的,所以在调度目标中对坏场景集进行惩罚可以抑制在坏场景下性能恶化的趋势。对坏场景集的惩罚可以采用不同度量,以最小化阈值坏场景集的惩罚度量为调度目标的鲁棒优化模型称为**阈值坏场景集模型**(the threshold-bad-scenario-set model)。当给定性能阈值不同时,阈值坏场景集模型体现为一个模型族,可以为决策者提供不同程度风险偏向下的多种选择。		
249	数目坏场景集	王冰	吴贤毅
	以指定的坏场景数目为标准,**数目坏场景集**(number bad-scenario set)指在给定调度解下一定数目的所实现性能最坏的部分场景的集合。数目坏场景集中的场景为该调度解下基于指定数目的坏场景。为了体现厌恶风险的偏向,指定坏场景数目通常不多于所有场景数目的一半。		
250	数目坏场景集模型	王冰	吴贤毅
	以坏场景数目作为标准,以抑制数目坏场景集中的坏场景在调度解下实现的系统性能恶化风险为调度目标所建立的鲁棒调度模型称为**数目坏场景集模型**(the number-bad-scenario-set model)。当指定坏场景数目不同时,数目坏场景集模型体现为一个模型族,可以为决策者提供不同程度风险偏向下的多种选择。指定数为 1 时的数目坏场景集模型即为最坏场景模型,当指定数目增大,调度目标中关注的场景增多,所建立鲁棒调度模型所得鲁棒解的保守性将减弱。		
251	双目标场景鲁棒优化模型	王冰	吴贤毅
	以调度解在最坏场景下的性能为鲁棒性指标,以调度解在所有场景下的性能均值(期望)为优化性指标,以最小化调度鲁棒性指标和优化性指标为两个调度目标的模型为**双目标场景鲁棒优化模型**(the biobjective scenario robust optimization model)。双目标场景鲁棒优化模型所得帕累托解集中的鲁棒解对调度鲁棒性和优化性有不同程度的折中,可以为决策者提供不同程度风险偏向下的多种选择。		

（十）排序博弈

序号	条目	执笔人	校阅人
252	排序博弈	樊保强	万龙
	排序博弈（scheduling game）利用博弈理论研究排序中的博弈现象，是又一新的组合优化与博弈论的交叉研究领域。当前排序博弈已经开展了许多新的研究方向，其中两个讨价还价问题是 1950 年纳什（Nash）建立的纳什博弈模型（Nash bargaining model，NBM）整数取值的离散化扩展。此模型中商业合作联盟要合理划分的对象是有限个工件组成的工件集。联盟中每个成员取整数值的合作收益函数，定义在工件所有可行划分所构成的集合上。对每个给定的工件划分，合作收益考虑与工件加工排序有关的加工成本。这个成本可以是经典排序中的一个或者几个时间相关费用函数的最小值。		
253	排序博弈的进展	樊保强	万龙
	排序博弈的进展（progress of scheduling game）。原先的纳什合作博弈模型是使得两个合作收益的乘积为最大。由于假定两方合作收益的帕累托有效集是连续和闭凹的，所以使乘积为最大的一对合作收益（称为可行博弈解）存在并且唯一；这个可行博弈解还是满足纳什提出的四条公理的唯一解。这个可行博弈解称为纳什博弈解（Nash bargaining solution，NBS）。　　原先的纳什合作模型是研究两人的合作博弈，目前排序博弈也仅讨论由两个成员组成的联盟。排序博弈中的帕累托有效集是没有上述性质的离散有限集，因而排序博弈需设计适合于上述离散情形的博弈解合理性的评判准则。至今主要的方案是引入主观决策理论中的评价准则，并相应地把上述的纳什合作博弈问题扩展为有限个最优化问题，把合理博弈解扩展为合理的博弈解集，但是博弈解集的公理化唯一性条件尚需研究。分析这些最优化问题的复杂性和设计求解的算法是很有挑战性的研究。目前已经确定一批问题的复杂性，并且出现动态规划的精确算法，但是大量问题的复杂性还有待研究，有关的精确算法和近似算法还未出现。		

254	合作博弈		樊保强	万龙

令 N 是参与人的非空有限集合,不妨设 $N=\{1,2,\ldots,n\}$。参与人考虑不同的合作可能性,每个子集 $S\subseteq N$ 看作一个联盟(coalition)。集合 N 称为大联盟(grand coalition),集合 $\varnothing$ 称为空联盟(empty coalition)。用 2^N 表示 N 的所有子集组成的集合。具有转移效用的**合作博弈**(cooperative game)是一序对 $\langle N,v\rangle$,其中 N 为参与人集合,$v:2^N\to R$ 是满足 $v(\varnothing)=0$ 的特征函数。

255	合作排序博弈		樊保强	万龙

合作排序博弈(cooperative sequencing game)是一类利用合作博弈理论研究排序模型中的博弈现象的排序博弈问题。Curiel 等在 1989 年最早研究了单机环境下的合作排序博弈问题。在合作排序博弈问题中,工件属于不同的决策者(agents),也称为参与人,并且工件已经有一个初始的排序。例如,在某银行服务大厅内,多个客户在柜台前站成一排等待服务,每个客户有一个任务,已知每个客户的任务的服务时间,并且每个客户的费用函数是客户服务完毕时间的不减函数。多个决策者通过合作(联盟),即联合行动共同决定工件的加工顺序,从而能够产生节省费用。如何产生最大的节省费用,以及如何在参与合作的参与人中分配这些节省的费用,是合作排序博弈需要解决的问题。

256	费用节省		樊保强	万龙

在一个合作排序博弈中,联盟 S 的**费用节省**(cost savings)$v(S)$ 可以解释为当联盟 S 中的参与人合作时,可以获得的最大收益或可节省的最多费用,即可用于成员间分配的总收益。

257	合作博弈的解		樊保强	万龙

具有转移效用的联盟博弈的基本问题,是如何形成大联盟 N 和如何分配收益或费用节省 $v(N)$。解决这个问题需要借助合作博弈的解概念。一个解就给出一个回答上述问题的答案,即明确 N 中所有参与人合作时所获得的收益或费用节省,如何在参与人之间进行分配,同时这个分配要考虑参与人形成不同联盟时可能存在的潜在收益或费用节省。因此,一个**合作博弈的解**(solution to cooperative game)至少对应着一个支付向量 x,其中 $x_i(i\in N)$ 是分配给参与人的收益或费用节省。合作博弈的解概念一般可以分为集值解和单点解,例如,核心和稳定集是集值解,Shapley 值和 τ 值是单点解。

258	核心	樊保强	万龙

　　合作博弈$\langle N,v\rangle$的**核心**(core)是一个包含所有满足有效性和联盟合理性的支付向量 x 的集合,即 ① $\sum\limits_{i\in N}x_i=v(N)$;② $\sum\limits_{i\in S}x_i\geqslant v(S)$,对所有的 $S\in 2^N\setminus\{\varnothing\}$成立。其中一个支付向量 x 只有满足有效性 $\sum\limits_{i\in N}x_i=v(N)$ 才有可能被接受。如果在建议的支付向量 x 中,至少有一个参与人 $x_i(i\in N)$ 的支付满足 $x_i<v(i)$,则这样的参与人将选择不参加合作,从而导致大联盟不可能形成。因此,在博弈$\langle N,v\rangle$中,若想实现支付向量 x,则个体合理性 $x_i\geqslant v(i)$必须成立,$i\in N$。

259	边际贡献	樊保强	万龙

　　对于博弈$\langle N,v\rangle$,参与人 i 对联盟 S 的**边际贡献**(marginal contribution)定义为 $v(S\cup\{i\})-v(S)$,记为 $M_i(S,v)=v(S\cup\{i\})-v(S)$。

260	边际贡献向量	樊保强	万龙

　　对于博弈$\langle N,v\rangle$,令 $\sigma\in\pi(N)$,**边际贡献向量**(marginal contribution vector)$m^\sigma(v)$定义为 $m_i^\sigma(v)=v(P(\sigma,i)\cup\{i\})-v(P(\sigma,i))$,也称 $m^\sigma(v)$ 为边际向量。

261	沙普利值	樊保强	万龙

　　对于博弈$\langle N,v\rangle$,**沙普利值**(Shapley value)$\Phi(v)$可表示为博弈边际向量的平均值,即 $\Phi(v)=\dfrac{1}{n}\sum\limits_{\sigma\in\pi(N)}m^\sigma(v)$。事实上,沙普利值是沙普利基于以下公理化思想提出来的单点解概念:① 有效性(efficiency),对任意博弈$\langle N,v\rangle$,都有 $\sum\limits_{i\in N}\Phi_i(v)=v(N)$;②对称性(symmetry),如果 i 与 j 是可以互换的,则 $\Phi_i(v)=\Phi_j(v)$;③虚拟参与人(dummy player)性质,如果 i 是虚拟的,则 $\Phi_i(v)=(i)$;④可加性(additivity),如果在 N 上有两个特征函数 v 和 w,对于 $\forall i\in N$,则 $\Phi_i(v+w)=\Phi_i(v)=\Phi_i(w)$。

262	非合作排序博弈	樊保强	万龙

　　非合作排序博弈(non-cooperative scheduling game)是利用非合

作博弈理论研究排序模型中的博弈现象的排序博弈问题。这里工件被看作局中人，工件的策略空间就是机器集。一旦确定了用来规定工件费用的准则（policy），那么每个工件在任意局势下的费用就都能够被计算出来。在这样的博弈环境下，每个工件只关心自己的费用，即它总是希望能减少自己的费用而不会去顾及总体目标。

| 263 | 策略式博弈 | | 樊保强 | 万龙 |

策略式博弈（strategy game）可用三元组 $G=(N,A,c)$ 表示，其中 N 表示局中人集合；对于每个局中人 $i \in N$，有一个非空的策略空间 A_i。令 $A=\prod\limits_{i \in N} A_i$ 是所有局势的集合；对于每个局中人 $i \in N$，有一个费用函数 $c_i: A \rightarrow R$，并且 $c=\prod\limits_{i \in N} c_i$。

| 264 | 有限策略博弈 | | 樊保强 | 万龙 |

设三元组 $G=(N,A,c)$ 是一个策略式博弈，如果博弈 G 有有限个局中人并且对每个局中人而言都只有有限个策略可供选择，那么称这个博弈 G 是**有限策略博弈**（finite strategy game）。

| 265 | 社会费用 | | 樊保强 | 万龙 |

在一个非合作排序博弈中，对于任意一个排序局势 σ^a，**社会费用**（social cost）是指在局势 σ^a 下排序目标函数的值。例如，如果排序的总体目标是极小化工件最大完工时间，则排序局势 σ^a 的社会费用是最大工件完工时间。

| 266 | 纳什均衡 | | 樊保强 | 万龙 |

设三元组 $G=(N,A,c)$ 是一个策略式博弈，具有如下性质的一个局势 $a^* \in A$ 称为**纳什均衡**（Nash equilibrium）：对每个局中人 $i \in N$ 和每个策略 $a_i \in A_i$，都有 $c_i(a^*) \leqslant c_i(a_{-i}^*, a_i)$。这里 $a_{-i}^* = (a_1^*, a_2^*, \cdots, a_{i-1}^*, a_{i+1}^*, \cdots, a_n^*)$。

| 267 | 强均衡 | | 樊保强 | 万龙 |

设三元组 $G=(N,A,c)$ 是一个策略式博弈，一个局势 $a^* \in A$ 称为**强均衡**（strong equilibrium），若它具有如下性质：对由局中人组成的任意一个联盟 Γ 以及 Γ 的任意一个偏离 a_Γ，至少有个局中人

$i \in \Gamma$ 满足 $c_i(a^*) \leqslant c_i(a_{-\Gamma}^*, a_\Gamma)$。易知任意强均衡都是纳什均衡，反之则不然。

268	无秩序代价(PoA)和稳定代价(PoS)	樊保强	万龙

　　纳什均衡并不总是社会费用最小或社会效益最大的最优局势，为了衡量纳什均衡的效率，引入两种衡量标准：**无秩序代价**（price of anarchy，PoA）和**稳定代价**（policy of stability，PoS）。PoA 是指博弈中最坏纳什均衡的目标函数值与社会效益的最优值的比值；PoS 是指博弈中最好纳什均衡的目标函数值与社会效益的最优值的比值。

269	强无秩序代价(SPoA)和强稳定代价(SPoS)	樊保强	万龙

　　强均衡并不总是社会费用最小或社会效益最大的最优局势，为了衡量强均衡的效率，引入两种衡量标准：**强无秩序代价**（strong price of anarchy，SPoA）和**强稳定代价**（strong policy of stability，SPoS）。SPoA 是指博弈中最坏强均衡的目标函数值与社会效益的最优值的比值；SPoS 是指博弈中最好强均衡的目标函数值与社会效益的最优值的比值。

270	排序局势	樊保强	万龙

　　排序局势（scheduling situation）是在一定的约束条件下对所有工件和机器按时间进行分配和安排加工次序。但在不同的排序博弈问题中，排序局势又有不同的定义。例如，在合作排序博弈中，一个排序局势可以表示为 $\langle N, \sigma_0, p, a \rangle$，其中 N 表示 n 个参与人的集合，每个参与人有一个工件，所有工件将在一台机器上加工，参与人 i 的工件的加工时间为 p_i；所有参与人（或工件）存在一个初始排序 σ_0，这里 $\sigma_0(i)=j$ 表示参与人 i 的工件在位置 j 加工；对于参与人 $i \in N$，其加工费用为 $c_i(t)=\alpha_i(t), \alpha_i > 0$，即 $c_i(t)$ 表示当参与人 i 的工件在 t 时刻完工时的费用。在非合作排序博弈中，一个排序局势可以表示为 $\sigma^a=(a_1, a_2, \ldots, a_n)$，其中 a_j 表示工件 J_j 所选择的机器，J_i^a 表示由选择机器 M_i 的工件所组成的集合，即 $J_i^a=\{J_j \mid a_j=M_i\}$。在局势 σ^a 下机器 M_i 的负载是所有选择该机器的工件的加工时间总和，记为 L_a^i，即 $L_i^a = \sum_{J_j \in J_i^a} p_{ij}$。

271	讨价还价问题	樊保强	唐国春

如果两个局中人合作能给双方各自带来超过他们自己单干时的效用，则双方都有与对方合作的激励；同时由于局中人的个人理性，他们又都希望从合作所产生的好处中分得利益，因而产生了谈判和讨价还价。由支付向量(x_1, x_2)形成的可行效用配置集记为F，(e_1, e_2)，是参与人意见不一致时的效用（disagreement payoff），即无法达成合作时的无协议点，其中e_i是参与人i不参加这次合作而参与别的生产活动所能获得的最低收益，也就是参与人i参加这次合作的机会成本。研究从F中找出一个或若干个合理的效用配置，作为参与人的谈判结果的问题称为**讨价还价问题**（bargaining problem），记为(F, v)。

272	纳什讨价还价解	樊保强	唐国春

对于两人讨价还价问题(F, v)，无论是通过双方的谈判，还是通过仲裁人所提出的建议，目的是从F中找出一个合理的配置，作为谈判或仲裁的结果。这样的配置称为两人讨价还价问题的解。针对两人讨价还价问题，纳什提出了以下公理。

令$\varphi_1(F, v)$和$\varphi_2(F, e)$分别表示参与人1和2的支付。

（1）个体合理性（individual rationality）。$\varphi_1(F, e) \geqslant e_1, \varphi_2(F, e) \geqslant e_2$。

（2）帕累托效率（Pareto efficiency）。对于$\forall x \in F$，如果$x \geqslant \varphi(F, v)$，则有$x_1 = \varphi_1(F, e), x_2 = \varphi_2(F, e)$。

（3）对称性（symmetry）。如果$(x_1, x_2) \in F$，则有$(x_2, x_1) \in F$，并且若$v_1 = v_2$，则$\varphi_1(F, e) = \varphi_2(F, e)$。

（4）无关选择的独立性（independence of irrelevant alternatives）。假设(F, e)和(F', e')分别是两个两人讨价还价问题，其中$e = e'$，如果$F' \subseteq F$，并且$\varphi(F, e) \in F'$，那么$\varphi(F, e) = \varphi(F', e')$。

如果$(\varphi_1(F, v), \varphi_2(F, e))$是满足个体合理性、帕累托效率、对称性、无关选择的独立性，则称$(\varphi_1(F, v), \varphi_2(F, e))$是两人讨价还价问题$(F, v)$的**纳什讨价还价解**（Nash bargaining solution，NBS）。

273	排序中的讨价还价问题	樊保强	唐国春

有两个参与人$N = \{1, 2\}$，每人各拥有一台机器，合作加工n个

工件。参与人 i 加工一个单位时间的工件将获得 b_i 个单位收益。取工件集 J 的一个划分 X_1 和 X_2，参与人 i 加工 X_i 中的工件，$i \in N$。用 $u_i(X_i)$ 表示参与人 i 的收益函数，$u_i(X_i) = b_i \sum_{j \in X_1} p_j - \min f_i$，其中 f_i 是加工成本函数。这里取经典排序问题的常规排序指标函数的最小值作为生产成本。(e_1, e_2) 表示无协议点，定义合作收益函数 $v_i = u_i(X_i) - e_i$，$i \in N$。**排序中的讨价还价问题**（bargaining problem in scheduling）是通过求解 $\max_{X_1 \subset J} v_1 v_2$ 来确定使纳什积达到最大的收益分配方案 (v_1, v_2) 或者工件的加工方案 X_1 和 X_2。

274	公平定价		张新功	樊保强

　　在有两个局中人的合作博弈中，按照公平定义，比较总系统效用，获得最优的系统效用，从而找出两个局中人都能够接受的效用配置的问题称为**公平定价**（price of fairness）问题。公平定价概念最早是 Caragiannis 等提出的。这里公平定价也称公平的代价。经常使用的公平概念有 Kalai-Smorodinsky（KS）公平（Kalai 和 Smordinsky，1975）和比例公平（Kelly 等，1998）等。Bertsimas 等关注比例公平和最大最小公平两类公平定价问题，对于代理的紧凸效用集合，提供公平定价的紧界性质刻画。Nicosia 等研究了公平定价的性质，关注最大最小公平效用、KS 公平效应以及比例公平效用问题。Agnetis 和陈礴等首次研究单机双代理公平效用排序问题，目标函数为第二个代理的工件具有相同的工期限制的情形下，最小化第一个代理的目标函数。对于比例公平和 KS 公平问题，给出这两类公平定价问题的紧界分析。公平定价问题直观的解释就是，考虑排序指标的同时也要兼顾效率指标，不能只简单考虑目标函数的最小化，也要考虑工件的效率公平。

275	帕累托最优		樊保强	张新功

　　在两代理排序中，给定一个可行排序 σ，令 $f^A(\sigma)$ 和 $f^B(\sigma)$ 分别表示代理 A 和 B 的费用函数。一个排序 σ^* 是**帕累托最优**（Pareto optimal），即不存在可行排序 σ，使得 $f^i(\sigma) \leqslant f^i(\sigma^*)(i = A, B)$ 且至少有一个是严格不等式，简称 σ^* 是帕累托排序。

276	代理效用	樊保强	张新功

对于两代理排序中的公平定价问题,令 $\sum_P$ 表示所有帕累托排序组成的集合。对于排序 $\sigma \in \sum_P$,**代理效用**(agent utilities)$u^i(\sigma)$ 是指代理 i 的最大费用与 σ 的费用之差,则 $u^i(\sigma) = f^i_\infty - f^i(\sigma)$,$i = A$,$B$,其中 $f^i_\infty = \max\{f^i(\sigma) : \sigma \in \sum_P\}$。 事实上,代理效用表示排序的最大节省费用。

277	系统效用	樊保强	张新功

关于两代理排序模型中的公平定价,给定各代理目标函数(效用函数),对于任意帕累托排序 $\sigma \in \sum_P$,**系统效用**(system utility)定义为各代理效用之和,记为 $U(\sigma)$。如果考虑到各个代理目标函数的差异性,例如,一个代理的目标函数是极小化总工件完工时间和,而另一个代理的目标函数是极小化最大工件完工时间。因此需要考虑一个更加一般的系统效用函数,加权代理效用和,则 $U(\sigma) = u^A(\sigma) + \alpha u^B(\sigma)$。

278	标准化效用	樊保强	张新功

在一个两代理排序的公平定价问题中,对于任意 $\sigma \in \sigma_{KSP}$,代理 i 的**标准化效用**(normalized utility)是 $\bar{u}^i(\sigma) = \dfrac{u^i(\sigma)}{f^i_\infty - f^{i*}}$,其中 f^{i*} 表示代理 i 的最优费用,即 $f^{i*} = \min\{f^i(\sigma) : \sigma \in \sum_P\}$,$f^{i*}_\infty = \max\{f^i(\sigma) : \sigma \in \sum_P\}$。

279	KS 公平	樊保强	张新功

Kalai-Smorodinsky 公平简称 KS **公平**(KS fair),是 Kalai 和 Smordinsky 在 1975 年提出的。在一个两代理排序的公平定价问题中,如果一个排序 σ_{KS} 满足 $\sigma_{KS} = \arg \max\limits_{\sigma \in \sum_P} \min\limits_{i=A,B}\{\bar{u}^i(\sigma)\}$,则称排序 σ_{KS} 是 KS 公平的。令 $\sum_{KS}$ 表示所有 KS 公平排序组成的集合,则 $\sum_{KS} = \{\sigma_{KS} : \sigma_{KS} = \arg \max\limits_{\sigma \in \sum_P} \min\limits_{i=A,B}\{\bar{u}^i(\sigma)\}\}$,易证对于任意一个两代理排序的公平定价问题,集合 $\sum_{KS}$ 总是非空的。

280	比例公平	樊保强	张新功

比例公平(proportionally fair)的概念是由 Kelly 等在 1998 年提出的。在一个两代理排序的公平定价问题中，如果存在一个排序 σ_{PF}，对于任意 $\sigma \in \Sigma_P$，满足 $\dfrac{u^A(\sigma) - u^A(\sigma_{PF})}{u^A(\sigma_{PF})} + \dfrac{u^B(\sigma) - u^B(\sigma_{PF})}{u^B(\sigma_{PF})} \leqslant 0$，则称排序 σ_{PF} 是比例公平的。由比例公平排序 σ_{PF} 到任意排序 σ，一个代理可能获得的相对利益是以另一个代理的更大的相对效用减少为代价的。

281	排序中的公平定价	樊保强	张新功

排序中的公平定价(price of fair in scheduling)问题是近几年才出现的一类排序博弈问题。在两代理排序模型中，目标往往是使得系统的效用达到最优。例如，极小化总加权目标函数和；在一个代理目标函数不超过一个给定的值的约束下，极小化另一个代理目标函数。然而无论哪一种系统最优解，对于某个代理而言，不一定是其能够接受的。因此，在多代理竞争有限资源的优化问题中，一个公平的资源配置方案就显得尤为重要，决策者需要确定为了得到一个公平排序，相对于系统最优，必须放弃多少系统效用。

对于两代理排序，令 Γ 表示该问题所有实例集合。给定一个实例 $I \in \Gamma$，令 $\sigma^*(I)$ 和 $\Sigma_F(I)$ 分别表示实例 I 的一个系统最优排序和公平排序集合，则该问题的公平的代价为 $\mathrm{PoF} = \sup\limits_{I \in \Gamma} \min\limits_{\sigma_F \in \Sigma_F} \left\{ \dfrac{U(\sigma^*(I)) - U(\sigma_F(I))}{U(\sigma^*(I))} \right\}$，也称 PoF 为公平定价。如果将公平定价 PoF 表达式中的公平排序 σ_F 替换为纳什均衡排序，那么上面的公平定价类似于稳定代价(price of stability)。

282	公平调度	范国强	王军强

公平调度(fair scheduling)是以个体间效用的公平性为目的对系统的调度性能进行优化的一类调度问题。基于 KS 公平、比例公平等公平性标准，通过衡量个体效用、平衡个体利益、优化系统目标，给出诸个体的优先级顺序、利益的分配方案、工件的安排次序的公平调度解，以均衡个体效用并提升系统目标。通常用公平代价(price of fairness，

	PoF)衡量公平调度解的系统目标与最优系统目标的差距。公平调度广泛应用于云制造中资源与任务的匹配、医疗管理中病人优先级排列、不同航空公司飞机起降调度等问题。公平调度与调度博弈既有交叉也有区别,调度博弈强调个体决策的自主性,重点在于如何引导个体的选择以优化系统的目标,公平调度强调系统整体的统筹性,重点在于如何实现各调度个体的效用均衡。		
283	博弈分析	张富	马卫民
	在寡头市场上厂商抉择的后果是不确定的。厂商行为后果主要受对手行为影响。厂商既相互勾结又相互欺瞒。他们经常考虑的是采取什么策略打败对手。**博弈分析**(game analysis)是厂商运用数学(特别是博弈论)方法来研究有利害冲突的双方在竞争性活动中是否存在自己制胜对方的最优策略,以及如何制定这些策略等问题的方法。		
284	睡眠策略	张富	马卫民
	睡眠策略(sleep strategy)是指在博弈中一方单独采取的自我保护,暂时不参与博弈的策略。		
285	谐和策略	张富	马卫民
	谐和策略(harmonic strategy)是指博弈双方在特定环境下协调发展的竞争博弈的策略。		
286	一般谐和策略	张富	马卫民
	一般谐和策略(general harmonic strategy)是指在一定的制度及文化条件下,所进行的企业与自然、企业与社会群体之间协调发展的竞争博弈的策略。		
287	暂时搁置策略	张富	马卫民
	暂时搁置策略(temporarily suspended strategy)是指博弈双方在外界环境改变的特定时间段内,暂时停止竞争博弈的策略。		
288	时间表长策略	张安	谈之奕
	时间表长策略(makespan policy)是排序博弈引入的局部策略之一。当工件选择某台机器时,时间表长策略将工件的个人收益(即其真实完工时间)定义为该台机器的完工时间。		

289	最低等级-最长加工时间优先		张安	谈之奕
	最低等级-最长加工时间优先（lowest grade-longest processing times first，LG-LPT）是排序博弈中的局部策略之一，是工件先按照最低等级优先、等级相同时再按照加工时间大者优先的次序排列。当工件选择某台机器，在按照 LG-LPT 策略排序时，工件的个人收益是其完工时间。			

三、算 法 篇

（十一）计算复杂性

序号	条目	执笔人	校阅人	页码
290	最优解	李荣珩	谈之奕	94
291	近似解	李荣珩	谈之奕	94
292	计算复杂性	李荣珩	谈之奕	95
293	时间复杂性	李荣珩	谈之奕	95
294	多项式时间变换	李荣珩	谈之奕	95
295	多项式时间归约	李荣珩	谈之奕	95
296	P-问题	李荣珩	谈之奕	96
297	NP-问题	李荣珩	谈之奕	96
298	NP-完全问题	李荣珩	谈之奕	96
299	NP-困难问题	李荣珩	谈之奕	96
300	强 NP-困难问题	李荣珩	谈之奕	97
301	未解问题	黄　河	唐国春	97
302	划分问题	录岭法	张利齐	97
303	等规模划分问题	录岭法	张利齐	97
304	奇偶划分问题	录岭法	张利齐	97
305	3-划分问题	录岭法	张利齐	97

（十二）算法分析

序号	条目	执笔人	校阅人	页码
306	算法	李荣珩	谈之奕	98
307	算法性能评价	潘　郁	王万良	98
308	确定型算法	李荣珩	谈之奕	98
309	非确定型算法	李荣珩	谈之奕	99
310	可行排序	白丹宇	张智海	100
311	精确算法	李　凯	贾兆红	100
312	最优算法	李荣珩	谈之奕	100

续表

序号	条目	执笔人	校阅人	页码
313	占优条件	万国华	李德彪	100
314	优势规则	白丹宇	张智海	100
315	优势集	黄　河	唐国春	101
316	多项式时间算法	白丹宇	张智海	101
317	伪多项式时间算法	李荣珩	谈之奕	101
318	近似算法	李荣珩	谈之奕	101
319	近似比	李荣珩	谈之奕	101
320	问题下界	白丹宇	张智海	102
321	最坏情况分析	白丹宇	鲁习文	102
322	渐近性能分析	白丹宇	鲁习文	102
323	多项式时间近似方案	李荣珩	谈之奕	103
324	全多项式时间近似方案	李荣珩	谈之奕	103
325	竞争分析	白丹宇	鲁习文	103
326	竞争比	白丹宇	鲁习文	104
327	渐近竞争分析	白丹宇	鲁习文	104
328	最好近似算法	李荣珩	谈之奕	104
329	邻对交换法	郑乃嘉	王军强	105
（十三）启发式方法				
330	启发式算法	陈仕军	沈吟东	105
331	启发式规则	李　凯	肖　巍	105
332	规则表示	潘　郁	王万良	105
333	规则库结构	潘　郁	王万良	106
334	约翰逊法则	周支立	刘振元	106
335	霍奇森法则	周支立	刘振元	107
336	列表排序	黄　河	唐国春	107
337	最长加工时间（LPT）序	黄　河	唐国春	107
338	最短加工时间（SPT）序	黄　河	唐国春	107
339	加权最短加工时间（WSPT）序	黄　河	唐国春	108
340	最早交货期（EDD）序	黄　河	唐国春	108
341	最早就绪时间（ERD）序	林　冉	王军强	108
342	最早开工期（SSD）序	潘　郁	王万良	108

续表

序号	条目	执笔人	校阅人	页码
343	最小临界比（SCR）序	潘 郁	王万良	108
344	最长剩余加工时间（MWR）序	潘 郁	王万良	108
345	最短剩余加工时间（LWR）序	潘 郁	王万良	108
346	总剩余工序数最多（MOR）序	潘 郁	王万良	108
347	总剩余工序数最少（LOR）序	潘 郁	王万良	109
348	最早进入最先服务（FCFS）序	潘 郁	王万良	109
349	随机序	潘 郁	王万良	109
350	紧急性优先	潘 郁	王万良	109
351	斜度指标	井彩霞	张新功	109
352	向量筛选技巧	录岭法	张利齐	109
353	枚举及贪婪技巧	录岭法	张利齐	109
354	贪婪算法	陈仕军	沈吟东	110
355	ε-约束方法	录岭法	张利齐	110
356	优先分配规则	高 亮	李新宇	110
357	稠密排序	白丹宇	张智海	111
358	关键路径	白丹宇	张智海	111
359	匈牙利算法	张 洁	张 朋	111
360	约束理论启发式算法	陈 剑	王军强	112
361	漂移瓶颈法	陈 剑	王军强	112
362	漂移瓶颈 TOC 启发式算法	陈 剑	王军强	112

（十四）数学规划方法

序号	条目	执笔人	校阅人	页码
363	数学规划	高淑萍	张胜贵	113
364	经典优化算法	高淑萍	张胜贵	113
365	整数规划	沈吟东	陈仕军	113
366	分支定界	白丹宇	沈吟东	114
367	分支策略	陈仕军	沈吟东	114
368	列生成技术	沈吟东	陈仕军	114
369	拉格朗日松弛方法	潘 芳	王万良	114
370	敏感性分析	陈 剑	王军强	115
371	动态规划方法	柏孟卓	赵传立	115

续表

序号	条目	执笔人	校阅人	页码
372	多标号动态规划	陈仕军	沈吟东	115
373	随机动态规划	包文清	吴贤毅	116
374	阶段	柏孟卓	赵传立	116
375	状态	柏孟卓	赵传立	116
376	无后效性	柏孟卓	赵传立	116
377	决策	柏孟卓	赵传立	117
378	策略	柏孟卓	赵传立	117
379	状态转移方程	柏孟卓	赵传立	117
380	权函数	柏孟卓	赵传立	117
381	指标函数	柏孟卓	赵传立	118
382	最优性原理	柏孟卓	赵传立	118
383	递推方程	柏孟卓	赵传立	118
384	数学规划松弛	张　峰	陈荣军	118
385	数学规划松弛算法	张　峰	陈荣军	119
386	决策变量	张　峰	陈荣军	119
387	工件加工次序变量	张　峰	陈荣军	119
388	完工时间变量	张　峰	陈荣军	119
389	时间指标变量	张　峰	陈荣军	119
390	区间指标变量	张　峰	陈荣军	119
391	舍入技术	张　峰	陈荣军	120
392	随机化算法	张　峰	陈荣军	120
393	去随机化算法	张　峰	陈荣军	120
394	正则分解	张　峰	陈荣军	120
395	α-点	张　峰	陈荣军	120
396	α-序	张　峰	陈荣军	121
397	$(\alpha_1,\alpha_2,\cdots,\alpha_n)$-序	张　峰	陈荣军	121
398	工件 j 的加工示性函数	张　峰	陈荣军	121
399	工件 j 的平均被占用时间	张　峰	陈荣军	121
400	工件集合 S 的加工示性函数	张　峰	陈荣军	121
401	工件集合 S 的平均被占用时间	张　峰	陈荣军	121

（十五）智能优化算法

序号	条目	执笔人	校阅人	页码
402	智能优化算法	王 凌	万国华	122
403	元启发式算法	李 凯	贾兆红	122
404	编码	高 亮	李新宇	122
405	解码	高 亮	李新宇	122
406	智能排序	潘 芳	王万良	122
407	群体进化算法	沈吟东	陈仕军	123
408	遗传算法	高 亮	李新宇	123
409	邻域搜索	沈吟东	陈仕军	123
410	局部搜索	高 亮	李新宇	123
411	全局搜索	高 亮	李新宇	124
412	遗传规划	高 亮	李新宇	124
413	基因表达式编程	高 亮	李新宇	124
414	变邻域搜索算法	高 亮	李新宇	125
415	模拟退火算法	贾兆红	李 凯	125
416	禁忌搜索	沈吟东	李荣珩	125
417	memetic 算法	高 亮	李新宇	125
418	分布估计算法	沈吟东	陈仕军	126
419	差分进化	白丹宇	潘全科	126
420	免疫算法	潘 芳	王万良	127
421	粒子群优化	白丹宇	贾兆红	127
422	蚁群优化算法	白丹宇	潘全科	127
423	人工蜂群算法	白丹宇	潘全科	128
424	类电磁机制算法	高 亮	李新宇	128
425	和声搜索算法	高 亮	李新宇	128
426	帝国竞争算法	张 洁	张 朋	129
427	布谷鸟搜索算法	潘 芳	王万良	129
428	入侵性杂草优化算法	潘 芳	王万良	129
429	非支配排序遗传算法 2	刘振元	邢立宁	130
430	高维多目标进化算法	刘振元	邢立宁	130
431	多向局部搜索算法	刘振元	邢立宁	130
432	学习型智能优化方法	邢立宁	向 尚	131

续表

序号	条目	执笔人	校阅人	页码
433	学习型遗传算法	邢立宁	向　尚	131
434	学习型蚁群算法	邢立宁	向　尚	131
435	学习型协同进化算法	邢立宁	向　尚	131
436	扩展启发式方法	邢立宁	向　尚	132
437	知识	邢立宁	向　尚	132
438	知识模型	邢立宁	向　尚	132
439	精英个体知识	邢立宁	向　尚	132
440	构件知识	邢立宁	向　尚	133
441	算子知识	邢立宁	向　尚	133
442	参数知识	邢立宁	向　尚	133
443	基于人工神经网络的排序算法	潘　芳	王万良	134

（十一）计算复杂性

序号	条目	执笔人	校阅人
290	最优解	李荣珩	谈之奕

给定一个最小（或最大）优化问题 P 的实例 I：
$$\min(\text{或 max}) z = f(x), \text{ s. t. } x \in S$$
如果有 $x_0 \in S$ 满足对任意 $x \in S$ 有 $f(x_0) \leqslant (\text{或} \geqslant) f(x)$，则称 x_0 是这个实例 I 的**最优解**（optimal solution），而 S 中的任一元素称为这个实例的一个可行解（feasible solution）。这里 S 是给定的一个集合，f 是集合 S 到实数集 **R** 的一个函数。S 可以是 $\mathbf{R}^n (n \in \mathbf{Z}^+)$ 里的一个子集。如在一个线性规划问题中，集合 S 是满足所有给定线性约束的解集。S 也可以是策略或安排的集合，如单台机的排序问题中，S 是给定 n 个工件的所有加工顺序的集合。

序号	条目	执笔人	校阅人
291	近似解	李荣珩	谈之奕

设 P 为一最小（或最大）优化问题（即寻求最优解的问题），$k \geqslant 1$ 为一给定常数，设 s 和 s^* 分别为 P 的实例 I 的一个可行解与最优解，它们相对应的目标函数的值分别为 $f(s)$ 和 $f(s^*)$。如果有 $f(s) =$

$kf(s^*)$（或 $f(s)=\dfrac{1}{k}f(s^*)$），则我们称 s 为实例 I 的 k-**近似解**（approximation solution）。

| 292 | 计算复杂性 | 李荣珩 | 谈之奕 |

　　计算复杂性（computation complexity）是指用计算机求解问题的难易程度的度量准则及其理论，是理论计算机科学的分支学科。使用数学方法对计算中所需的资源（时间与存储空间）的耗费作定量的分析是算法分析的理论基础。

| 293 | 时间复杂性 | 李荣珩 | 谈之奕 |

　　时间复杂性（time complexity）是指计算机程序求解问题时所花时间的度量准则及其理论。我们定义图灵机程序执行一次运行为一个单位时间。对于所求问题 P 的任意一个编码字符串长度为 n 的实例 I，若存在一个函数 $f(x)$ 和一个常数 c，图灵机程序求解实例 I 时执行的时间都不超过 $cf(n)$，则称其时间复杂度为 $O(f(n))$。若函数 $f(x)$ 是多项式函数，则称这样的图灵机程序为多项式时间算法，否则称其为指数时间算法。不论是确定型算法还是非确定型算法，都以实例 I 的编码长度的函数为复杂度的度量标准。

| 294 | 多项式时间变换 | 李荣珩 | 谈之奕 |

　　设 P_1 和 P_2 是两个判定问题，如果存在一个从 P_1 的实例到 P_2 的实例的映射 f，使对 P_1 的任一实例 I，I 的判定结果为"是"当且仅当 $f(I)$ 的判定结果也为"是"，且由实例 I 可以在关于实例 I 的编码长度的多项式时间内求出 $f(I)$，则称映射 f 为一个**多项式时间变换**（polynomial time transformations），并称 P_1 可以多项式时间变换到 P_2。多项式时间变换也称为 Karp 归约（Karp reductions），以便区别于图灵归约（Turing reductions）。

| 295 | 多项式时间归约 | 李荣珩 | 谈之奕 |

　　严格理论意义上的**多项式时间归约**（polynomial time reductions）或多项式时间图灵归约（polynomial time Turing reductions）需用 Oracle 图灵机描述，我们这里采用非正式的语言描述。在介绍多项式时间归约前，我们先介绍什么是搜寻问题（search problem）。一个问

题 P 称为搜寻问题,是指对于 P 的任一实例 I,对应一个集合 $S(I)$,$S(I)$ 称为实例 I 的解集。一个算法 A 称为搜寻问题 P 的算法,如果当 $S(I)$ 是空集时,则输出"否";当 $S(I)$ 不是空集时,则至少输出一个 $y \in S(I)$。显然优化问题和判定问题都可以化成搜寻问题。设 P_1 和 P_2 是两个搜寻问题,R 是搜寻问题 P_2 的一个假想子程序。如果存在一个搜寻问题 P_1 的可以调用子程序 R 的多项式时间算法 A,则称算法 A 为一个多项式时间归约或多项式时间图灵归约,并称 P_1 可以多项式时间归约到 P_2。这里算法 A 运行中每调用一次搜寻问题 P_2 的假想子程序 R 只算运行一个单位时间。显然,如果 R 是搜寻问题 P_2 的多项时间算法程序,则 P_1 是多项式时间可解的。易见多项式时间归约是多项式时间变换的一般化,多项式时间变换只是最后调用一次假想子程序的多项式时间归约。这样的算法 A 也可以非正式地称为搜寻问题 P_1 使用搜寻问题 P_2 的多项式时间 Oracle 算法。

296	P-问题	李荣珩	谈之奕

存在确定型多项式时间算法的判定问题称为 **P-问题**（polynomial-time problem）。

297	NP-问题	李荣珩	谈之奕

设 P 是一个判定问题,如果 P 有非确定型多项式时间算法,则称判定问题 P 为一个 **NP-问题**（nondeterministic polynomial-time problem）。

298	NP-完全问题	李荣珩	谈之奕

设 P 是一个 NP 问题,如果 NP 中的任一问题都可以多项式时间变换到 P,则称 P 为 **NP-完全问题**（NP-complete problem）。

299	NP-困难问题	李荣珩	谈之奕

设 P 是一个搜寻问题,如果 NP 中的任一问题都可以多项式时间归约到 P,则称 P 为 **NP-困难问题**（NP-hard problem）。一个 NP-困难问题不一定是 NP-问题。显然一个 NP-完全问题也是 NP-困难问题。

300	强 NP-困难问题	李荣珩	谈之奕
	设 P 为一个判定问题或最优化问题,设 P 的实例 I 包含的最大的整数记为 largest(I),I 的编码长度记为 size(I)。若存在多项式函数 $f(\cdot)$,使得 P 的子问题 $P'=\{I \mid I$ 是 P 的实例且满足 largest(I)$\leqslant$ $f($size(I))$\}$ 也是 NP-困难问题,则称问题 P 为 **强 NP-困难问题**(strongly NP-hard problem)。进一步,如果 P 是 NP-完全问题,则称 P 为 **强 NP-完全问题**(strongly NP-complete problem)。		
301	未解问题	黄河	唐国春
	未解问题(open problem)又称为复杂性悬而未决的问题。		
302	划分问题	录岭法	张利齐
	在**划分问题**(partition problem)中有 t 个正整数并且总和为 $2B$,是否存在一种划分把所有正整数分为两个不相交的集合,使得每个集合中元素之和恰好为 B。		
303	等规模划分问题	录岭法	张利齐
	在**等规模划分问题**(equal-size partition problem)中有 $2t$ 个正整数并且总和为 $2B$,是否存在一种划分把所有正整数分为两个不相交的集合,使得每个集合中恰好包含 t 个元素并且元素之和恰好为 B。		
304	奇偶划分问题	录岭法	张利齐
	在**奇偶划分问题**(odd-even partition problem)中有 $2t$ 个正整数并且总和为 $2B$,是否存在一种划分把所有正整数分为两个不相交的集合,使得对任意下标集合 $\{2i-1,2i\}(i=1,2,\cdots,t)$,每个集合中恰好包含其中的 1 个元素并且元素之和恰好为 B。		
305	3-划分问题	录岭法	张利齐
	在 **3-划分问题**(3-partition problem)中有 $3t$ 个正整数并且总和为 tB,是否存在一种划分把所有正整数分为 t 个不相交的集合,使得每个集合中恰好包含 3 个元素并且元素之和也恰好为 B。		

（十二）算法分析

序号	条目	执笔人	校阅人
306	算法	李荣珩	谈之奕
	算法（algorithm）是对所求问题的方案进行准确而完整的描述，是由一系列解决问题的清晰指令构成的程序，能够对给定的输入，在有限时间内获得所要求的输出。严格理论意义上的算法可以用图灵机程序描述，参看条目"确定型算法"和"非确定型算法"。		
307	算法性能评价	潘郁	王万良
	算法性能评价（evaluation of algorithm performance）是指评估排序算法是否达到优化目标及效率的测评指标。常见的排序算法性能评价指标有：优势竞争比、鲁棒性、可并行分布、对模型参数的要求、算法构造、计算机资源占用、柔性和可推广等。		
308	确定型算法	李荣珩	谈之奕
	严格理论意义上的**确定型算法**（deterministic algorithm）可以用单带图灵机程序描述。 确定型单带图灵机 一个单带图灵机由一个有限状态控制器、一个读写头和一个无限双向方格带构成，其中无限双向方格带上的方格依序标号为$\cdots,-2,-1,0,1,2,\cdots$。一个确定型单带图灵机程序由以下三部分构成： （1）一个有限的字符集Σ，Σ由编码字符集$\Sigma-\{b\}$和一个表示空格的特殊字符b构成；		

（2）一个有限的状态符号集 Q，Q 中包含两个特殊状态符号 q_{s} 和 q_{h}，分别表示初始状态和终止状态；

（3）一个转移函数 $f:(Q-\{q_{\mathrm{h}}\})\times\Sigma\rightarrow Q\times\Sigma\times\{-1,1\}$。

这个程序的运行如下：程序的输入是编码字符集 $\Sigma-\{b\}$ 里的一个编码字符串 x，字符串 x 的字符被依次放入带上标号为 1 至 $|x|$ 的方格内，这里 $|x|$ 表示字符串里字符的个数，带上所有其他方格里的字符为空格符 b。程序运行时有限状态控制器的初始状态为 q_{s}，读写头扫描标号为 1 的方格。如果当前状态 $q=q_{\mathrm{h}}$，则运行终止，方格带上给出输出结果。如果有限状态控制器的当前状态 $q\neq q_{\mathrm{h}}$，且当前读写头扫描的方格里的字符是 s，设转移函数 $f(q,s)=(q',s',\Delta)$，则读写头把当前方格里的字符 s 改写成 s'，并且当 $\Delta=-1$ 时读写头左移一格或者当 $\Delta=1$ 时读写头右移一格，有限状态控制器的状态变为 q'。这样我们就完成了一步计算，并且当 $q'\neq q_{\mathrm{h}}$ 时进入下一步计算。我们称这样的每一步计算为算法的一次运行，定义其为一个单位时间，算法的运行时间定义为从开始到终止时的运行总次数。

| 309 | 非确定型算法 | 李荣珩 | 谈之奕 |

求解一个判定问题 P 的严格理论意义上的**非确定型算法**（nondeterministic algorithm）可以用非确定型单带图灵机程序描述。

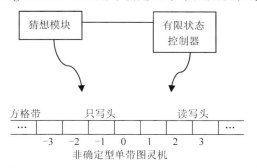

非确定型单带图灵机

与确定型算法相比，非确定型单带图灵机多了一个猜想模块的只写头，其他完全一样。非确定型单带图灵机程序是由与确定型单带图灵机程序完全一样的三个部分构成的。程序的初始输入是判定问题 P 的一个实例 I 的编码字符串 x。与确定型算法不同的是程序的运行，非确定型单带图灵机程序的运行分两个阶段，第一个阶段称为猜想阶段，第二个阶段称为检验阶段。在猜想阶段，依据实例 I 的编码

	字符串 x,图灵机猜想模块的只写头自右向左从标号为 -1 的方格开始依次随机写入字符,只写头写入的字符串称为对实例 I 的猜想。猜想阶段完成后进行检验阶段,检验阶段是依据实例 I 的编码字符串 x 与猜想阶段所写的猜想字符串,执行与确定型算法完全相同的运行过程。如果这个程序对于判定问题 P 的任一实例 I,当 I 的判定结果为"否"时,对第一阶段的任意猜想,第二阶段的输出总是"否";当 I 的判定结果为"是"时,第一阶段至少存在一个猜想,使得第二阶段的输出是"是",那么这个算法就称为求解判定问题 P 的非确定型算法。非确定型算法的运行时间只计算第二阶段的运行次数。		
310	可行排序	白丹宇	张智海
	可行排序(feasible schedule)是指满足给定排序问题所有约束条件的可行解。在利用智能优化算法求解排序问题时,如何生成可行排序是其中一个重要的环节。		
311	精确算法	李凯	贾兆红
	精确算法(exact algorithm)是指能够得到组合优化问题最优解的算法。对于 NP-困难的组合优化问题,当问题的规模较小时,精确算法能够在可接受的时间内得到最优解;当问题的规模较大时,精确算法一方面可以提供问题的可行解,另一方面可以为启发式方法提供初始解,以便能够搜索到更好的解。精确算法主要包括分支定界法、割平面法和动态规划法等。		
312	最优算法	李荣珩	谈之奕
	组合优化问题的**最优算法**(optimal algorithm)是指这个算法能求得问题的每个实例的最优解。		
313	占优条件	万国华	李德彪
	占优条件(dominance condition)指的是可以确保在至少一个最优时间表中,一个工件应该在另一个工件之前加工的条件。		
314	优势规则	白丹宇	张智海
	优势规则(dominance rule)又称为占优准则,是指对于给定的排序问题所获得的最优性质。例如,针对单机极小化总延误问题,若所有任务的处理时间和交付日期同时满足非降序排列,则该排序为最优		

解。优势规则在构造分支定界算法的剪支规则、设计智能优化算法的加速策略等方面起着重要作用。

315	优势集	黄河	唐国春

如果一个排序问题的目标函数是 $Z=f(C_1,C_2,\cdots,C_n)$，每一个可行解 s 对应工件的一组完工时间 $(C_1,C_2,\cdots,C_n)$，从而可以计算相应的目标函数值 Z。若 D 是可行集 S 中的一个子集，对 S 中的任何一个可行解 $s\in S$，总可以在 D 中找到一个可行解 s'，使其相应的完工时间 $(C'_1,C'_2,\cdots,C'_n)$ 有 $C'_j\leqslant C_j(j=1,2,\cdots,n)$，那么我们称 D 是 S 的一个**优势集**(dominant set)或者占优集。

316	多项式时间算法	白丹宇	张智海

若某算法求解组合优化问题的计算时间不大于问题输入规模的多项式函数，则称其为**多项式时间算法**(polynomial-time algorithm)。通常把多项式时间算法视为快速计算。

317	伪多项式时间算法	李荣珩	谈之奕

设 P 为一个判定问题或最优化问题，P 的任一实例 I 都包含一组整数，其中最大的整数记为 largest(I)。若求解问题 P 的算法 A 的运行时间是实例 I 的输入长度 size(I) 和最大整数 largest(I) 的多项式函数，则称算法 A 是一个**伪多项式时间算法**(pseudo polynomial-time algorithm)。

318	近似算法	李荣珩	谈之奕

对于 NP-困难问题，由于不存在多项式时间最优算法(除非 P＝NP)，所以人们转而寻找能求得有质量保证的解的多项式时间算法。这种能求得有质量保证的解的多项式时间算法称为**近似算法**(approximation algorithm)。确切地说，设 P 为一最优化问题(即寻求最优解的问题)，$k\geqslant 1$ 为一给定常数，一个多项式时间算法 A 称为 P 的一个 k-近似算法是指对于 P 的任何实例 I，通过算法 A 可得出 I 的一个解，其相应的目标函数的值 $A(I)$ 与 I 的最优解相对应的目标函数值 OPT(I) 满足：$\frac{1}{k}\mathrm{OPT}(I)\leqslant A(I)\leqslant k\mathrm{OPT}(I)$。

319	近似比	李荣珩	谈之奕

近似比(approximation ratio)又称为性能比(performance

ratio），通常用 $R(A)$ 来表示。对于求解最小（或最大）的优化问题 P，近似算法 A 的近似比或性能比 $R(A) = \text{SUP}_I \dfrac{A(I)}{\text{OPT}(I)}$（或 $\text{SUP}_I \dfrac{\text{OPT}(I)}{A(I)}$）。这里 $\text{OPT}(I)$ 表示给定实例 I 的最优解的目标函数值，$A(I)$ 表示用近似算法 A 求出的实例 I 的近似解的目标函数值，SUP 是对所有 P 的实例计算上确界。

320	问题下界	白丹宇	张智海

　　问题下界（lower bound）是对 NP-困难问题的最优值做出的近似估计。求问题下界通常的做法是，逐个松弛原问题的约束条件，直到求得一个多项式时间可解问题为止，所得到问题的最优值称为原问题的下界。一般地，对于极小（大）化问题，下界值越大（小）越好。在实际中，通常利用问题下界来测试近似算法的稳定性和收敛性。

321	最坏情况分析	白丹宇	鲁习文

　　最坏情况分析（worst-case analysis）是评价离线算法（off-line algorithm）性能的理论方法，在装箱（bin-packing）、旅行商（traveling salesman）和排序等组合优化问题中较为常见。最坏情况分析是研究在所有参数都已知的情况下，算法的目标函数值与最优值之间的最大误差，通常采用比值的形式来衡量。对于求最大（或者最小）的问题 π，记 I 是问题的实例，令 Z^A 表示算法 A 对于实例 I 的目标函数值，Z^* 表示实例 I 的最优值，则

$$R_A(\pi) = \inf\{R \geqslant 1 \mid \text{对于所有的实例 } I,$$
$$\text{有 } Z^A / Z^* \text{（或者 } Z^* / Z^A\text{）} \leqslant R\}$$

称为算法 A 的最坏情况性能比（worst-case performance ratio）。如果可以找到实例使上式中的比值取等号，则称该比值是紧界（tight）。这时该比值无法再进一步改进。得到紧界的实例是人为构造的特殊实例，在实际问题中出现的可能性很小。

322	渐近性能分析	白丹宇	鲁习文

　　渐近性能分析（asymptotic performance analysis）是评价离线算法（off-line algorithm）性能的理论方法，在装箱、旅行商和排序等组合优化问题中较为常见。渐近性能分析是研究在所有参数都已知情况下，问题规模趋于无穷大时算法的目标函数值与最优值之间的接近程

度,通常采用比值的形式来衡量。对于求最大(或者最小)的问题 π,记 I 是问题的实例,令 Z^A 表示算法 A 对于实例 I 的目标函数值,Z^* 表示实例 I 的最优值,则

$$R_A^{\infty}(\pi) = \inf \{R \geqslant 1 \mid 存在 n_0,对于所有规模 n \geqslant n_0 的实例 I,$$
$$有 Z^A(I) / Z^*(I)(或者 Z^*(I) / Z^A(I)) \leqslant R\}$$

称为算法 A 的渐近性能比(asymptotic performance ratio)。

离线算法的渐近性能比不大于其最坏情况性能比。特别地,如果算法的渐近性能比为 1,则称该算法是渐近最优的(asymptotically optimal)。如果算法是渐近最优的,那么当问题的规模趋近于无穷大时(理想状态),由该算法得到的目标函数值与问题的最优值是等价的。换句话说,在理想状态下可以把该算法看作最优的,这个性质特别适用于大规模的工业生产环境。

323	多项式时间近似方案	李荣珩	谈之奕

优化问题的**多项式时间近似方案**(polynomial time approximation scheme)是一类算法 A。对于求解最优化问题 P 的任何一个给定的实例 I 和一个固定的精确度 $k>0$,通过算法 A,可得出实例 I 的一个解,且算法 A 的运行时间的上界是实例 I 的输入长度的多项式函数,其相应的目标函数值 $A(I)$ 与实例 I 的最优解相对应的目标函数值 OPT(I) 满足:

如果 P 是一个最小化优化问题,则 $A(I) \leqslant (1+k)$OPT(I);

如果 P 是一个最大化优化问题,则 $A(I) \geqslant (1-k)$OPT(I)。

324	全多项式时间近似方案	李荣珩	谈之奕

设算法 A 是一个优化问题 P 的多项式时间近似方案,对于求解最优化问题 P 的任何一个给定的实例 I 和一个固定的精确度 $k>0$,通过算法 A,可得出实例 I 的一个解,且算法 A 的运行时间的上界是实例 I 的输入长度和 $\dfrac{1}{k}$ 的多项式函数,则称算法 A 是**全多项式时间近似方案**(fully polynomial time approximation scheme)。

325	竞争分析	白丹宇	鲁习文

竞争分析(competitive analysis)是评价在线算法(on-line algorithm)性能的理论方法,在解决装箱、旅行商和在线排序等组合优化问题时

较为常用。竞争分析研究的是在线算法的目标函数值与离线环境下的最优值之间的最大误差，通常采用比值的形式来衡量。

| 326 | 竞争比 | 白丹宇 | 鲁习文 |

对于求最大（或者最小）的问题 π，记 I 是问题的实例。令 Z^A 表示在线算法 A 对于实例 I 的目标函数值，Z^* 表示实例 I 在离线环境下的最优值，则

$R_A(\pi) = \inf\{R \geq 1 \mid$ 对于所有的实例 I，有 Z^A/Z^*（或者 $Z^*/Z^A \leq R$）$\}$

称为在线算法 A 的**竞争比**（competitive ratio）。如果可以找到一个实例使上式中的比值取等号，则称该比值是紧界。这时该比值无法再进一步改进。同最坏情况分析一样，得到紧界的实例是人为构造的特殊实例，在实际问题中出现的可能性很小。

| 327 | 渐近竞争分析 | 白丹宇 | 鲁习文 |

渐近竞争分析（asymptotic competitive analysis）是评价在线算法性能的理论方法，在解决装箱、旅行商和在线排序等组合优化问题时较为常用。渐近竞争分析研究的是当问题规模趋于无穷大时，在线算法的目标函数值与离线环境下的最优值之间的接近程度，通常采用比值的形式来衡量。对于求最大（或者最小）的问题 π，记 I 是问题的实例，令 Z^A 表示在线算法 A 对于实例 I 的目标函数值，Z^* 表示实例 I 在离线环境下的最优值，则

$$R_A^\infty(\pi) = \inf\{R \geq 1 \mid \text{存在 } n_0\text{，对于所有规模 } n \geq n_0 \text{ 的实例 } I,$$
$$\text{有 } Z^A(I)/Z^*(I) \text{（或者 } Z^*(I)/Z^A(I)\text{）} \leq R\}$$

称为算法 A 的渐近竞争比（asymptotic competitive ratio）。

同渐近性能比一样，在线算法的渐近竞争比不大于其竞争比。特别地，如果在线算法的渐近竞争比为 1，则称该算法是渐近最优的。如果在线算法是渐近最优的，那么当问题的规模趋近于无穷大时（理想状态），由该算法得到的目标函数值与离线环境下的最优值是等价的。换句话说，在理想状态下可以把该算法看作最优的，这个性质特别适用于大规模的工业生产环境。

| 328 | 最好近似算法 | 李荣珩 | 谈之奕 |

一个优化问题 P 的近似算法 A 称为**最好近似算法**（optimal approximation algorithm），如果这个算法是一个多项式时间算法，有

	近似比 $R(A)$ 且不存在近似比小于 $R(A)$ 的多项式时间近似算法,除非 $P=NP$。		
329	邻对交换法	郑乃嘉	王军强
	邻对交换法(adjacent pairwise interchange method)是一种用来证明某种调度规则是对一个给定调度目标 f 最优的方法。具体步骤为:假设存在一个不满足此调度规则的调度方案 S 使得 $f(S)$ 最小,则必然存在两个相邻的不满足此调度规则的工件。通过交换这两个相邻工件的次序,产生一个新的调度方案 S' 并能证明 $f(S')<f(S)$,则方案 S' 优于方案 S,此结论与假设矛盾,从而通过反证法证明了此调度规则的最优性。		

(十三)启发式方法

序号	条目	执笔人	校阅人
330	启发式算法	陈仕军	沈吟东
	启发式算法(heuristic algorithm)是相对于最优算法提出的。组合优化问题的最优算法可以得到该问题每个实例的最优解。启发式算法是基于直观或经验构造的算法,在可接受的花费(指计算时间和空间)下能够给出这个组合优化问题每一个实例的一个解。但该解通常不是最优解,并且与最优解的偏离程度一般也无法预计。启发式算法通常用来求解 NP-困难问题。启发式算法分为:元启发式算法、超启发式算法等。元启发式算法主要指一类通用型的启发式算法,这类算法的优化机理不过分依赖于算法的组织结构信息,可以广泛地应用到函数的组合优化和函数计算中。超启发式算法是近年来提出的新算法类型,可以大致分为 4 类:基于随机选择、基于贪心算法、基于元启发式算法和基于学习的超启发式算法。		
331	启发式规则	李凯	肖巍
	启发式规则(heuristic rule)是在解决生产实践问题或理论优化问题过程中形成的经验或提出的较为有效的规则。		
332	规则表示	潘郁	王万良
	规则表示(rule representation)是建立在事实的基础上的逻辑结		

构表达。具体结构包括规则名、规则号、规则类型、规则的优先级、前提表、结论事实表、操作索引、规则号表等。规则结构较事实结构复杂,这主要是因为规则需要准确地描述规则被触发的条件(前件),同时还要说明在规则触发后应该有什么操作或结论(后件)。排序问题的优先分派规则可分成 5 类:简单分派规则、简单分派规则的组合、权重优先指数、启发式排序规则和其他规则。不同的排序目标,其规则也不同。优先排序规则也可以分为局部优先规则与整体优先规则两类。局部优先规则仅考虑单个工作地队列中的信息,例如 EDD、FCFS、SPT 等都是局部优先规则。整体优先规则不仅考虑本工作地的信息,还要考虑其他工作地的信息。SCR、MWR、LWR 等是整体优先规则。紧急性规则既是局部优先规则又是整体优先规则。整体优先规则,可以看作更好的选择,但显然需要的信息也更多,排序成本也更大。当然,由于实际生产情况非常复杂,在排序过程中很多情况下不是一个优先排序规则就可以满足要求的,通常是将优先排序规则组合使用。

| 333 | 规则库结构 | | 潘郁 | 王万良 |

规则库结构(rule base structure)是指由排序优先规则及其优先级关系组成的架构。通过算例测算比较最大流通时间的平均值、平均流通时间的平均值和机器相对利用率的平均值等指标,可知:一是采用不同的优先规则排序,其结果不同,在实际应用中应根据实际场景选用相对最好的排序规则;二是组合规则对排序结果的影响主要取决于优先级较高的单规则。

| 334 | 约翰逊法则 | | 周支立 | 刘振元 |

两台序列机器最小化总完工时间问题是假设有 n 个工件要经过两台机器处理,每个工件 $i(i=1,2,\cdots,n)$ 在这两台机器上的作业时间分别为 t_{i1} 和 t_{i2},各工件 i 先经第一台再至第二台,工件顺序相同,其优化目标是使所有工件的最大完工时间为最小。由约翰逊所提出的解决这个问题的**约翰逊法则**(Johnson's rule)方法如下。

步骤 1:找出所有工件在两台机器上的作业时间 t_{i1} 和 t_{i2} 中最小者,即 $\min\{t_{i1},t_{i2}\}$。

步骤 2:假使选出的最小时间在机器1(t_{i1}),则把所对应的工件

	排在顺序最早的下一可排空位,继续步骤 3。假使选出的最小时间在机器 2(t_{i2}),则把所对应的工件排在顺序最后的下一可排空位,继续步骤 3。 步骤 3:把已指派的工件删除,回至步骤 1,直到所有工件排完为止。		
335	霍奇森法则	周支立	刘振元
	如果调度的目标是要使延迟工件数目(NT)为最小,且所有工作的延迟责罚都是相同,则可使用**霍奇森法则**(Hodgson rule)。 步骤 1:以 EDD 法则把所有工件排序构造 E 集合,并计算 E 集合中所有工作的完工时间。假使结果出现没有或者只有一个延迟工作,则停止,此时已达 NT 为最小最佳解。否则进入步骤 2。 步骤 2:在 E 集合中从头至尾找出第一个延迟作业,假设为 k。 步骤 3:检视前 k 个工作(包含第 k 个),把其中最长作业时间的工作 j 移至另一集合 L 中(L 开始为空集合),其中 $1 \leqslant j \leqslant k$。 步骤 4:重新计算 E 集合中所有工作的完工时间。若 E 集合中没有延迟作业,则停止,L 集合的延迟个数即为 NT 最小解。否则回到步骤 2。		
336	列表排序	黄河	唐国春
	列表排序(list scheduling)又称列表排序法,是把工件排列成一个表,在任何时候总是加工排在最前面的工件,如果这个工件需要加工并且可以加工的话。例如,按照工件的加工时间从大到小的次序把工件排序,通常称为 LPT 列表排序,简称 LPT 序。此外,还有 SPT 序、EDD 序等。		
337	最长加工时间(LPT)序	黄河	唐国春
	最长加工时间(longest processing time,LPT)**序**是按照工件的加工时间从大到小的次序把工件排序,也指工件是按照 LPT 序加工的列表排序。		
338	最短加工时间(SPT)序	黄河	唐国春
	最短加工时间(shortest processing time,SPT)**序**是按照工件的加工时间从小到大的次序把工件排序,也指工件是按照 SPT 序加工的列表排序。		

339	加权最短加工时间（WSPT）序	黄河	唐国春
	加权最短加工时间（weighted shortest processing time，WSPT）**序**是按照工件的加工时间除以工件的权重的比值从小到大的次序把工件排序，也指工件是按照 WSPT 序加工的列表排序。		
340	最早交货期（EDD）序	黄河	唐国春
	最早交货期（earliest due date，EDD）**序**是按照工件的交付期从小到大的次序把工件排序，也指工件是按照 EDD 序加工的列表排序。		
341	最早就绪时间（ERD）序	林冉	王军强
	最早就绪时间（earliest release date first，ERD）**序**是按照工件的就绪（到达）时间从小到大的次序把工件排序，也指工件是按照 ERD 序加工的列表排序。ERD 序是问题 $1\mid r_j\mid C_{\max}$ 的最优排序。		
342	最早开工期（SSD）序	潘郁	王万良
	最早开工期（scheduled start date，SSD）**序**是按照工件的开工期从小到大的次序把工件排序，也指工件是按照 SSD 序加工的列表排序。		
343	最小临界比（SCR）序	潘郁	王万良
	最小临界比（smallest critical ratio，SCR）**序**是按照工件的临界比（即工件允许停留时间与工件剩余加工时间之比）从小到大的次序把工件排序，也指工件是按照 SCR 序加工的列表排序。		
344	最长剩余加工时间（MWR）序	潘郁	王万良
	最长剩余加工时间（most work remaining，MWR）**序**，或者 MWR 规则，是优先选择剩余加工时间最长的工件。		
345	最短剩余加工时间（LWR）序	潘郁	王万良
	最短剩余加工时间（least work remaining，LWR）**序**，或者 LWR 规则，是优先选择剩余加工时间最短的工件。		
346	总剩余工序数最多（MOR）序	潘郁	王万良
	总剩余工序数最多（most operations remaining，MOR）**序**，或者 MOR 规则，是优先选择总剩余工序数最多的工件。		

347	总剩余工序数最少（LOR）序	潘郁	王万良
	总剩余工序数最少（least operations remaining，LOR）**序**，或者 LOR 规则，是优先选择总剩余工序数最少的工件。		
348	最早进入最先服务（FCFS）序	潘郁	王万良
	最早进入最先服务（first come first served，FCFS）**序**，或者 FCFS 规则，是优先选择最早进入工序安排集合的工件。		
349	随机序	潘郁	王万良
	随机（random）**序**，或者 RANDOM 规则，是随机地挑选下一个可排工件。		
350	紧急性优先	潘郁	王万良
	紧急性优先（urgency priority）规则是优先处理紧急情况。		
351	斜度指标	井彩霞	张新功
	斜度指标（slope index）是用于求解同顺序流水作业排序问题的排序指标。工件 J_j $(j=1,2,\cdots,n)$ 的斜度指标计算公式为 $s_j = \sum\limits_{i=1}^{m}(2i-m-1)p_{ij}$，其中 m 为机器数，p_{ij} 为工件 J_j 在机器 M_i 上的加工时间。其基本思想是按机器的顺序，加工时间趋于增加的工件被赋予较大的优先权数。		
352	向量筛选技巧	录岭法	张利齐
	在设计近似算法或者近似方案时，如果关于工件加工有一个硬性规定，比如有一个机器维护区间。在这种情形下，向量筛选技巧用得更多。假设在对当前问题有一个拟（伪）多项式时间的最优算法，在算法执行中会产生大量的辅助数据且这些数据以向量来表示。我们可以适当删除某些向量，清理内存使得算法变快。然而，删除向量也可能使产生的解不是最优的。合适的**向量筛选技巧**（vector trimming technique）可以产生一个有效的近似算法。		
353	枚举及贪婪技巧	录岭法	张利齐
	在设计近似算法时我们可以首先把工件分为大工件和小工件。大工件的数量通常是多个常数，因此我们可以枚举大工件的所有排序		

方式。然后,我们再贪婪地排序所有的小工件。最后,我们挑出一个最好的排序。合适的**枚举及贪婪技巧**(enumeration and greed technique)可以得到一个有效的近似算法。

| 354 | 贪婪算法 | | 陈仕军 | 沈吟东 |

贪婪算法(greedy algorithm)又称为贪心算法,是指在对问题求解时,不从整体最优上加以考虑,而是采用贪心思想,根据某个优化测度,做出一系列局部最优的贪婪选择,得到问题的解。贪婪选择采用从顶向下、以迭代方式做出相继选择,每做一次贪婪选择就把所求问题简化为一个规模更小的子问题。贪婪算法能得到问题的局部最优解,但不能保证得到问题的全局最优解。

| 355 | ε-约束方法 | | 录岭法 | 张利齐 |

ε-**约束方法**(ε-constraint approach)是求解双目标排序所有帕累托(Pareto)最优解的常用方法之一。给定一个帕累托排序问题 $\alpha|\beta|(f,g)$,我们假设约束性问题 $\alpha|\beta|g:f\leqslant x$ 和 $\alpha|\beta|f:g\leqslant y$ 都是多项式时间可解的。ε-约束方法具体步骤如下:

步骤1:先求解单目标排序问题 $\alpha|\beta|f$,令 x_1 为该单目标问题的最优值。再求解约束性问题 $\alpha|\beta|g:f\leqslant x_1$。令 y_1 是该约束性问题的最优值且 σ_1 为对应的最优排序,则 (x_1,y_1) 为帕累托排序问题 $\alpha|\beta|(f,g)$ 的第1个帕累托最优点且 σ_1 为对应的帕累托最优排序。

步骤2:如果第 i 个帕累托最优排序 σ_i 及其对应的帕累托最优点 (x_i,y_i) 已经求出,那么解约束性问题 $\alpha|\beta|f:g<y_i$(如果 g 取整数,那么解约束问题 $\alpha|\beta|f:g\leqslant y_i-1$)。

步骤3:如果上述约束性问题无解,那么得到所有的帕累托最优序 $\sigma_1,\sigma_2,\cdots,\sigma_i$,算法停止。否则,假设它的最优值为 x_{i+1}。然后解约束性问题 $\alpha|\beta|g:f\leqslant x_{i+1}$,得到最优值 y_{i+1}。那么可以得到它的第 $i+1$ 个帕累托最优排序 σ_{i+1} 以及它所对应的第 $i+1$ 个帕累托最优点 (x_{i+1},y_{i+1})。置 $i:=i+1$,并返回到步骤2。

| 356 | 优先分配规则 | | 高亮 | 李新宇 |

优先分配规则(priority dispatching rule)是对所有待加工的工序先分配一个优先权重,然后选择优先权重最高的工序先进行加工,接

下来按优先权重次序依次进行加工。该方法具有容易实现和较小的时间复杂性的特点,是实际调度中的常用方法。常用的优先分配规则有最长剩余加工时间(longest remaining processing time,LRPT)规则、最短剩余加工时间(shortest remaining processing time,SRPT)规则、最少剩余工序(least operations remaining,LOR)规则、随机顺序服务(service in random order,SIRO)规则、先到先服务(first coming first serving,FCFS)规则、最短加工时间(SPT)规则、最长加工时间(LPT)规则、下一加工中最短队列(shortest queue at the next operation,SQNO)规则、下一加工中最长队列(longest queue at the next operation,LQNO)规则等。优先分配规则虽然速度快,但具有短视的特点。它只考虑机器的当前状态和解的质量等级等因素,不能全面的考虑该问题的属性和特点。

| 357 | 稠密排序 | | | 白丹宇 | 张智海 |

稠密排序(dense scheduling)是基于贪婪思想为车间调度问题构造可行解的一种排序方式,即保证只有当无任务可执行时机器才能空闲。具体描述如下:在某一时刻,若某处理器出现空闲,则选择当前可用任务在该处理器上执行,并保证该任务的其他工序在其执行期间没有在剩余的处理器上执行。针对开放车间调度问题,把稠密排序与某些优势规则(如 LPT、SPT、EDD 等规则)相结合后,能够快速求得高质量的可行排序。

| 358 | 关键路径 | | | 白丹宇 | 张智海 |

在车间调度问题中,对于给定的时间表,从其开始时刻起至某项任务加工结束为止,该时间段内由若干连续工序组成的最长加工路线(至少存在一条),称为该任务的**关键路径**(critical path)。构成关键路径的工序称为关键工序。在理论研究中,利用关键路径来表示任务的完工时间是比较常用的做法。

| 359 | 匈牙利算法 | | | 张洁 | 张朋 |

匈牙利算法(Hungarian algorithm)是在多项式时间内求解指派问题的组合优化算法。美国数学家 H. W. 库恩(H. W. Kuhn)于1965年提出此算法。此算法之所以被称作匈牙利算法,是因为算法

很大一部分是基于匈牙利数学家德奈什·柯尼希(Dénes König)和耶诺·埃盖尔瓦里(Jenö Egerváry)的工作创建起来的。算法从对偶问题的可行解开始,嵌入求解限定问题的二部图最大基数匹配算法,其矩阵形式就是用最少直线去覆盖所有零元素,通过限定问题的解去改进对偶解。如此进行迭代,直至达到原设与对偶问题的最优解。算法的时间复杂性开始是 $O(n^4)$,后来改进为 $O(n^3)$。

360	约束理论启发式算法		陈剑	王军强

　　约束理论启发式算法(theory of constraints heuristic algorithm,TOCh)是基于约束理论,立足瓶颈并充分利用瓶颈的启发式信息,基于瓶颈优先非瓶颈次之的原则解决产品组合优化问题的一类瓶颈驱动的启发式算法。约束理论启发式算法基本思路是辨识瓶颈、确定产品优先级、依据产品优先级分配瓶颈资源、确定产品组合方案。约束理论启发式算法将优化的过程以一种"可视"的方式展现出来,优先安排瓶颈上的任务,充分利用瓶颈能力,高效地得到较优的方案,其处理逻辑简单、直观,易于掌握,适合生产管理人员使用。

361	漂移瓶颈法		陈剑	王军强

　　漂移瓶颈法(shifting bottleneck procedure,SBP)是由约瑟夫·亚当斯(Joseph Adams)在 1988 年提出用来求解经典异序作业(job shop)调度问题的一种启发式算法。漂移瓶颈法从生产系统中尚未调度的设备中识别瓶颈机器,并对识别的瓶颈机器进行单机最优调度,然后重新优化所有已调度结果集,再在尚未调度的机器中识别新的瓶颈机器,不断地进行识别瓶颈单机调度子问题的循环迭代,直到所有机器完成调度。

362	漂移瓶颈 TOC 启发式算法		陈剑	王军强

　　漂移瓶颈 TOC 启发式算法(shifting bottleneck-driven TOCh,STOCh)是解决多瓶颈产品组合优化问题的一类 TOC 启发式算法。STOCh 包括主生产计划(master production schedule,MPS)生成阶段和局部调整阶段两个模块:MPS 生成阶段基于漂移瓶颈而不是传统 TOCh 的固定瓶颈,进而使用动态产品优先级,提高资源分配效果;局部调整阶段基于问题导向的解空间精练策略以缩减解空间范围,达到提升 STOCh 搜索效率的目的。

（十四）数学规划方法

序号	条目	执笔人	校阅人
363	数学规划	高淑萍	张胜贵
	数学规划（mathematical programming）是运筹学的一个分支,其基本思想产生于 19 世纪初,由美国哈佛大学的罗伯特·多夫曼（Robert Dorfman）于 20 世纪 40 年代末提出。数学规划的研究对象是数值最优化问题,这是一类古老的数学问题,古典的微分法已可以用来解决某些简单的非线性最优化问题。直到 20 世纪 40 年代以后,由于大量实际问题的需要和电子计算机的高速发展,数学规划才得以迅速发展起来,成为一门十分活跃的新兴学科。今天,数学规划的应用极为广泛,它的理论和方法已经渗透到自然科学、社会科学和工程技术中。根据问题的性质和处理方法的差异,数学规划可分为线性规划、非线性规划、多目标规划、动态规划、参数规划、组合优化和整数规划、随机规划、模糊规划、非光滑优化、多层规划、全局优化、变分不等式与互补问题等。		
364	经典优化算法	高淑萍	张胜贵
	经典优化算法（classical optimization algorithm）是确定性算法,针对结构化的问题,有较为明确的问题和条件描述,计算复杂度和收敛性可做理论分析。如线性规划、二次规划、整数规划、混合规划、带约束和不带约束条件等,一般有固定的结构和参数,即有清晰的结构信息。经典优化算法大都属于凸优化范畴,有唯一明确的全局最优点。		
365	整数规划	沈吟东	陈仕军
	整数规划（integer programming）是指规划问题中的决策变量（全部或部分）限制为整数的优化算法。在线性规划（linear programming,LP）问题中,变量可能是分数或小数,但对于许多现实问题,常要求某些变量必须是整数,例如变量可能代表机器台数、作业人数或运营车辆数等整数。若在 LP 模型中,变量限制为整数,则称为整数线性规划（integer linear programming,ILP）。在整数规划中,如果所有变量都限制为整数,则称为纯整数规划;如果仅一部分变量限制为整数,则称为混合整数规划。整数规划的一种特殊情形是		

0-1 规划,它的变量取值仅限于 0 或 1。不同于 LP 问题,整数规划和 0-1 规划问题至今尚未找到一般的多项式解法。目前所流行的求解整数规划的方法往往只适用于整数线性规划。按照约束条件的构成,又可细分为线性、二次和非线性的整数规划。

| 366 | 分支定界 | 白丹宇 | 沈吟东 |

分支定界(branch and bound)是一种求解优化问题的算法框架,通过系统搜索可行域求得最优解。其基本思路是把全部可行解空间反复分割为越来越小的子集,称为分支;并且对每个子集内的解集计算目标的下界(极小化问题),称为定界。在每次分支并计算其目标下界后,凡是界限超出已知可行解集目标值的那些子集不再进一步分支,这样许多子集可不予考虑,称为剪支。执行这一过程直至找出可行解为止,该可行解的值不大于任何子集的界限。在求解调度问题时,为了提高分支定界算法的计算效率,需要针对具体问题设计有效的剪支策略和目标下界。

| 367 | 分支策略 | 陈仕军 | 沈吟东 |

分支策略(branch strategy)是一种求解约束最优化问题的算法策略,主要用于对可行解空间进行系统搜索,把全部可行解空间逐步分割为越来越小子空间。分支策略通常用于求解整数规划或者混合整数规划问题的分支定界算法中。分支策略需要根据具体的问题或模型或求解方法来设计,并无通用的最有效方法。0-1 分支策略是求解 0-1 整数规划问题的常用策略。

| 368 | 列生成技术 | 沈吟东 | 陈仕军 |

列生成技术(column generation technique)是一种求解大规模线性规划(LP)问题的有效方法。它运用分解思想以及线性规划单纯形法的原理把问题变成若干个适应计算机求解的子问题,逐个计算,最后得到原问题的最优解。其主要思想是每次只考虑部分变量集上的规模较小的 LP 问题;当需要考虑其他变量时,再通过判别数计算(线性规划单纯形原理),加入能改进当前 LP 目标值的变量,并重新求解新的 LP 问题,直到没有能改进当前 LP 问题的新变量为止。

| 369 | 拉格朗日松弛方法 | 潘芳 | 王万良 |

拉格朗日松弛方法(Lagrangian relaxation approach,LRA)是把排序的目标函数按机器负载约束与工序先后约束分解代入各个子问

	题中的求解方法。LRA 由于其在可行的时间里能对复杂的规划问题提供较好的满意解,并能对解的满意性进行定量评估,近年来已成为解决复杂车间排序问题的一种重要方法。但在 LRA 中,其对偶问题所存在的搜索效率低、解的震荡与收敛等问题一直是其应用的一个巨大障碍。		
370	敏感性分析	陈剑	王军强
	敏感性分析(sensitivity analysis,SA)是一种定量分析输入变量对输出变量影响程度的方法。根据敏感性分析的作用范围,可将其划分为局部敏感性分析和全局敏感性分析。局部敏感性分析只分析单个输入变量的变化对输出结果的影响程度,全局敏感性分析需要分析多个输入变量的变化对输出结果的影响程度,并分析多个输入变量之间的相互作用对输出结果的影响。通过对各个输入变量进行敏感性分析,确定不同输入变量对输出变量的影响程度,并通过优先考虑影响程度大的输入变量将实际问题化繁为简,以降低模型的复杂度和提高模型的准确度。		
371	动态规划方法	柏孟卓	赵传立
	动态规划方法(dynamic programming method)是研究多阶段决策过程(multistep decision process)最优化、解决过程优化问题的一种数学方法,在 20 世纪 50 年代由美国数学家理查德・贝尔曼(Richard Bellman)提出。其基本思想是把多阶段过程转化为一系列相互联系的单阶段问题,利用各阶段之间的关系,按照一定的次序依次求解,最后得到原问题的最优解。根据求解的次序,可以分为逆向解法和顺向解法。动态规划方法通常用于求解具有某种最优性质的问题。		
372	多标号动态规划	陈仕军	沈吟东
	多标号动态规划(multi-label dynamic programming)是一种求解资源约束最短路径的典型方法。利用多标号动态规划时,每条路径(或部分路径)用一个标号表示,以记录该路径的资源消耗量和成本。在动态规划算法中,每个节点的标号都向其后继节点延伸,以得到新的可行标号。当所有标号都延伸至收点时,则得到最优解。多标号动态规划中包括"延伸"和"消除"两个环节,在执行标号延伸时,需要根据资源消耗量和可用资源总量约束来判断其是否可延伸;在执行标号		

消除时,需要根据标号消除准则来消除部分标号,只保留帕累托最优标号集。此外,对于非循环有向网络图上的多标号动态规划算法,其时间复杂度为伪多项式,具体依赖于所考虑的资源种类数与最大资源可用量。

373	随机动态规划	包文清	吴贤毅

随机动态规划(stochastic dynamic programming)是求解半马尔可夫(semi-Markov)决策过程的最优性方程的方法。如果整个工件加工过程可以描述为连续时间上的马尔可夫过程,其中加工工件所得的报酬是其过程状态空间上的函数,且决策行为执行时刻点在连续的时间上,称这一类受控的半马尔可夫性系统为半马尔可夫决策过程(semi-Markov decision processes),其最优策略满足的方程称为贝尔曼最优方程(Bellman optimality equation),通过求解这个最优方程得到最优策略,这个过程通常称为随机动态规划。可见,(随机)动态规划算法除了用于调度问题,还大量应用于其他领域。

374	阶段	柏孟卓	赵传立

阶段(stage)是在用动态规划方法求解一个问题时,对问题的过程进行划分而得到的。阶段的数目 N 称为历程。历程可以是确定的,也可以是不确定的。阶段用 k 来表示。动态规划逆向解法是从阶段 $k=N$ 递推向阶段 $k=1$;顺向解法是从阶段 $k=1$ 递推向阶段 $k=N$。为了方便,逆向解法还假设有第 $N+1$ 阶段;顺向解法假设有第 0 阶段。

375	状态	柏孟卓	赵传立

阶段的**状态**(state)是表示在阶段开始时面临的自然状况或客观条件。可以用阶段的某种特征来描述阶段的一个状态,也可以认为状态取某个"值"。描述状态的变量称为状态变量,通常用 s_k 表示第 k 阶段状态的状态变量。动态规划各阶段的状态应该具有"无后效性"。

376	无后效性	柏孟卓	赵传立

无后效性(non-aftereffect property)也称马尔可夫(Markov)性,是指状态具有这样的性质:如果某阶段状态确定后,则在这一阶段以后的过程发展不受该状态之前各状态的影响。即过程的发展只受当

前的状态的影响,过去的历史只能通过当前的状态去影响它的未来,而不能直接影响它的未来。

| 377 | 决策 | | 柏孟卓 | 赵传立 |

　　决策(decision)是在给定某阶段状态后,从该状态演变到下一个阶段状态所做的选择。决策的过程可以通过各个阶段状态的演变来说明。描述决策的变量,称为决策变量(decision variable)。第 k 阶段的决策变量 x_k 的取值集与第 k 阶段的状态 s_k 有关,记为 $D_k(s_k)$。

| 378 | 策略 | | 柏孟卓 | 赵传立 |

　　策略(policy)是一个按顺序排列的决策组成的集合。假设给定问题可分为 N 个阶段,那么由第 0 阶段开始到第 N 阶段终点为止的过程组成的决策序列$(x_1, x_2, \cdots, x_N)$,就称为全过程的一个策略,简称策略。对逆向解法,决策变量序列$(x_k, x_{k+1}, \cdots, x_N)$的一组值称为一个子策略;对顺向解法,决策变量序列$(x_1, x_2, \cdots, x_k)$的一组值称为一个子策略。可供选择策略的范围称为允许策略集。在允许策略集中,达到最优效果的策略称为最优策略。

| 379 | 状态转移方程 | | 柏孟卓 | 赵传立 |

　　状态转移方程(state transformation equation)是描述过程由一个状态到另一个状态的演变规律的函数。对顺向解法来讲,第 k 阶段状态 s_k 是由前一阶段的状态 s_{k-1} 取决策变量的某一个值 x_{k-1} 演变而来的。一般来讲,s_k 是 s_{k-1} 和 x_{k-1} 的函数,即 $s_k = T_k(s_{k-1}, x_{k-1})$。对逆向解法来讲,第 k 阶段状态 s_k 是由后一阶段的状态 s_{k+1} 取决策变量的某一个值 x_{k+1} 演变而来的。一般来讲,s_k 是 s_{k+1} 和 x_{k+1} 的函数,即 $s_k = T_k(s_{k+1}, x_{k+1})$。状态转移方程就是指 $s_k = T_k(s_{k-1}, x_{k-1})$ 或 $s_k = T_k(s_{k+1}, x_{k+1})$。

| 380 | 权函数 | | 柏孟卓 | 赵传立 |

　　权函数(weight function)是从某个阶段的某个状态出发,选取某个决策后产生的反映这个局部措施的效益指标函数。如:对第 k 阶段状态 s_k,当决策变量 x_k 取得某个值后,就有一个反映这个局部措施的效益指标权函数 $w_k(s_k, x_k)$。

| 381 | 指标函数 | 柏孟卓 | 赵传立 |

指标函数(objective function)是指从某个阶段的某个状态出发，采取某个子策略时所产生的函数，反映从决策过程最初阶段到该阶段的各阶段效益总和。指标函数的最优值称为最优指标函数，在第 k 阶段的状态 s_k 采取最优子策略时的最优指标函数记为 $F_k(s_k)$。

| 382 | 最优性原理 | 柏孟卓 | 赵传立 |

最优性原理(principle of optimality)是解决多阶段决策问题的理论。这个理论是美国数学家理查德·贝尔曼在 1956 年提出的。一个过程的最优策略具有这样的性质：无论其初始状态及初始决策如何，其以后诸决策对以第一个决策所形成的状态作为初始状态的过程而言，必须构成最优策略。这个原理的实质是多阶段决策过程具有这样的性质：不管过去的过程如何，只从当前的状态和系统的最优化要求出发，作出下一步的最优决策。

| 383 | 递推方程 | 柏孟卓 | 赵传立 |

递推方程(recursive equation)是指相邻两个阶段之间的递推关系。它的基础是动态规划的最优性原理，通常由递推关系式和边界条件组成。对逆向解法来讲，递推方程是

$$\begin{cases} F_{N+1}(s_{N+1}) = 0 \text{ 或 } 1 \\ F_k(s_k) = \underset{x_k \in D_k(s_k)}{\mathrm{opt}} \{w_k(s_k, x_k) \cdot F_{k+1}(s_{k+1})\}, \quad k = N, N-1, \cdots, 1 \end{cases}$$

其中，· 为加法时，取 $F_{N+1}(s_{N+1}) = 0$；· 为乘法时，取 $F_{N+1}(s_{N+1}) = 1$。

对顺向解法来讲，递推方程是

$$\begin{cases} F_0(s_0) = 0 \text{ 或 } 1 \\ F_k(s_k) = \underset{x \in D_k(s_k)}{\mathrm{opt}} \{w_k(s_k, x_k) \cdot F_{k-1}(s_{k-1})\}, \quad k = 1, 2, \cdots, N \end{cases}$$

其中，· 为加法时，取 $F_0(s_0) = 0$；当 · 为乘法时，取 $F_0(s_0) = 1$。

| 384 | 数学规划松弛 | 张峰 | 陈荣军 |

给定一个排序问题，若存在相应的数学规划问题，满足该排序问题的任何可行解可转化为数学规划问题的一个可行解，且两者目标函

	数值相等，则称这个数学规划问题是该排序问题的**数学规划松弛**（mathematical programming relaxation）。数学规划松弛包括线性规划松弛、凸二次规划松弛、凸规划松弛、半定规划松弛等。对于最小化问题数学规划松弛的最优值是该排序问题的目标值下界。		
385	数学规划松弛算法	张峰	陈荣军
	数学规划松弛算法（mathematical programming relaxation algorithm）是构造排序问题的数学规划松弛，再由该数学规划松弛的最优解得到排序问题可行解的算法。		
386	决策变量	张峰	陈荣军
	决策变量（decision variables）是构造数学规划松弛所选择的变量。对于排序问题，决策变量包括工件加工次序变量、完工时间变量、时间指标变量、区间指标变量以及表示工件在哪台机器上加工的变量等。		
387	工件加工次序变量	张峰	陈荣军
	工件加工次序变量（processing of job linear ordering variables）表示工件之间的加工次序。若工件 i 在工件 j 之前加工，则定义 $\delta_{ij}=1$，否则定义 $\delta_{ij}=0$。		
388	完工时间变量	张峰	陈荣军
	完工时间变量（completion times variables）是把工件 j 的完工时间 C_j 作为决策变量。		
389	时间指标变量	张峰	陈荣军
	时间指标变量（time-indexed variables）是表示工件在某一单位时间加工的 0-1 决策变量。若工件 j 在时间区间 $[\tau,\tau+1)$ 上加工，则定义 $y_{j\tau}=1$，否则定义 $y_{j\tau}=0$（ $j=1,2,\cdots,n$; $\tau=1,2,\cdots,T$ ），其中 T 表示工件最迟完工时间的一个上界。		
390	区间指标变量	张峰	陈荣军
	区间指标变量（interval-indexed variables）是把可能安排工件加工的时间划分为区间 $I_0=[0,1]$, $I_l=((1+\eta)^{l-1},(1+\eta)^l]$（ $l=1,2,\cdots,L$ ），其中 $\eta>0$, L 是满足 $(1+\eta)^L\geqslant T$ 的最小整数，T 表示工件		

最迟完工时间的一个上界。在这些时间区间上定义区间指标决策变量 $y_{jl} \in [0,1]$（$j=1,2,\cdots,n$；$l=1,2,\cdots,L$），$y_{jl} \cdot |I_l|$ 表示工件 j 在时间区间 I_l 内加工的时间，其中 $|I_l|$ 表示区间 I_l 的长度。

| 391 | 舍入技术 | 张峰 | 陈荣军 |

舍入技术（rounding technique）是把一个可行的分数解转化成一个可行的整数解的方法。对于排序问题，就是把其数学规划松弛的分数解转化成排序问题的可行解。

| 392 | 随机化算法 | 张峰 | 陈荣军 |

随机化算法（randomized algorithm）是根据随机变量的取值确定排序问题（或一般组合优化问题）的一个可行排序（可行解）的算法。若目标函数的数学期望不超过最优值的 ρ 倍，则称该随机算法为随机 ρ-近似算法。

| 393 | 去随机化算法 | 张峰 | 陈荣军 |

去随机化算法（derandomized algorithm）是在随机 ρ-近似算法基础上去掉算法的随机性，能在多项式时间内得到确定的可行排序（可行解）的算法，并且该可行排序（可行解）的目标值不超过最优值的 ρ 倍。

| 394 | 正则分解 | 张峰 | 陈荣军 |

给定工件集合 S，按其工件的就绪时间尽可能早地安排加工，如果所得排序导致工件集合 S 有一个划分 $\{S_1, S_2, \cdots, S_k\}$，满足机器被 S 中工件占用恰好在不相交的时间区间 $[r_{\min}(S_t), r_{\min}(S_t)+p(S_t)]$（$t=1,2,\cdots,k$），则称划分 $\{S_1, S_2, \cdots, S_k\}$ 为 S 的**正则分解**（canonical decomposition）。如果 S 的正则分解为 $\{S\}$，则称 S 是正则的，即 S 是正则的当且仅当 S 中所有工件安排在时间区间 $[r_{\min}(S), r_{\min}(S)+p(S)]$ 内加工是可行的。这里，$r_{\min}(S_t)$ 表示集合 S_t 中工件最早释放时间，$p(S_t)$ 为 S_t 的加工总长。

| 395 | α-点 | 张峰 | 陈荣军 |

对于给定的工件可中断排序，工件 j 的 **α-点**（α-point）（$0 < \alpha \leqslant 1$）定义为在该排序中工件 j 完成 α 部分加工的那个时间，记为 $t_j(\alpha)$，即

	在时间 $t_j(\alpha)$ 时,工件 j 已完成加工 αp_j, $t_j(1)$ 就是工件 j 的完工时间, $t_j(0^+)$ 为工件 j 的开始加工时间。		
396	α-序	张峰	陈荣军
	$\boldsymbol{\alpha}$-**序**(α-schedule)是对于给定的工件可中断排序,所有工件按其 α-点的非降序尽可能早地安排工件不中断加工。		
397	$(\alpha_1,\alpha_2,\cdots,\alpha_n)$-序	张峰	陈荣军
	$\boldsymbol{(\alpha_1,\alpha_2,\cdots,\alpha_n)}$-**序**($(\alpha_1,\alpha_2,\cdots,\alpha_n)$-schedule)是对于给定的工件可中断排序,所有工件按其 α_j-点 $\{\,t_j(\alpha_j)\mid j=1,2,\cdots,n\,\}$ 的非降序尽可能早地安排工件不中断加工。		
398	工件 j 的加工示性函数	张峰	陈荣军
	工件 j 的加工示性函数(indicator function of the processing of job j)$I_j(t)$ 表示工件 j 在何时段加工;当工件 j 在时刻 t 时加工,则 $I_j(t)=1$;当工件 j 在时刻 t 时未加工,则 $I_j(t)=0$。		
399	工件 j 的平均被占用时间	张峰	陈荣军
	工件 j 的平均被占用时间(mean busy time of job j)B_j 定义为 $$B_j=\frac{1}{p_j}\int_{r_j}^{T}I_j(t)t\,\mathrm{d}t。$$		
400	工件集合 S 的加工示性函数	张峰	陈荣军
	工件集合 S 的加工示性函数(indicator function of the processing of job set S)$I_S(t)$ 表示工件集合 S 中工件在何时段加工;当工件集合 S 中有一工件在时刻 t 时加工,则 $I_S(t)=1$;当工件集合 S 中任何工件在时刻 t 时都未加工,则 $I_S(t)=0$。		
401	工件集合 S 的平均被占用时间	张峰	陈荣军
	工件集合 S 的平均被占用时间(mean busy time of job set S)B_S 定义为 $$B_S=\frac{1}{p(S)}\int_0^T I_S(t)t\,\mathrm{d}t，\text{其中 } p(S)=\sum_{j\in S}p_j。$$		

(十五) 智能优化算法

序号	条目	执笔人	校阅人
402	智能优化算法	王凌	万国华
	智能优化算法(intelligent optimization algorithm)是基于计算智能的机制求解复杂优化问题最优解或满意解的方法,学术界也称之为元启发式算法。智能优化通过对生物、物理、化学、社会、艺术等系统或领域中的相关行为、功能、经验、规则、作用机理的认知,揭示优化算法的设计原理,在特定问题特征的导引下提炼相应的特征模型,设计智能化的迭代搜索型优化算法。		
403	元启发式算法	李凯	贾兆红
	元启发式算法(meta heuristic algorithm)又称为亚启发式算法,是指具有通用框架的启发式算法。这类算法的通用框架独立于问题,通过一些随机搜索规则,在一定的时间内具有向最优解逼近的趋势。通过对 NP-困难问题解的特征进行分析,设计合理的搜索规则,构建合理的元启发式算法能够为大规模的 NP-困难问题提供高质量满意解。常见的元启发式算法有禁忌搜索算法、模拟退火算法、遗传算法、蚁群优化算法、粒子群优化算法、人工鱼群算法、人工蜂群算法等。		
404	编码	高亮	李新宇
	把问题的解用一种数学符号来表示,从而把问题的状态空间和算法的码空间相对应,这个过程称为**编码**(encoding)。这很大程度上依赖于问题的性质。		
405	解码	高亮	李新宇
	解码(decoding)是把问题的编码转化成问题的解的过程。		
406	智能排序	潘芳	王万良
	智能排序(intelligence scheduling)指针对复杂制造系统的动态工况,运用人工智能快速迭代和敏捷地调整调度方案,以柔性地达到优良技术经济指标的目的。主要功能包含自学习排序、自适应排序、自组织排序和自治性排序等。		

407	群体进化算法		沈吟东	陈仕军

　　群体进化算法又称为群体演化算法(swarm evolutionary algorithms)，是属于种群迭代算法，是一类模拟自然界生物进化规律的仿生学算法。由于群体进化算法的整体搜索策略和优化计算不依赖于梯度信息，所以它的应用非常广泛，尤其适合于处理传统搜索方法难以解决的高度复杂的非线性问题。遗传算法是群体进化算法的重要代表。

408	遗传算法		高亮	李新宇

　　美国密西根大学 J. 霍兰德(J. Holland)教授于 1975 年受生物进化论的启发提出**遗传算法**(genetic algorithm，GA)，这是一种基于"物竞天择、适者生存"原则、高度并行、随机和自适应的优化算法。该算法把优化问题的求解表示成生物种群(population)适者生存的进化过程，每个种群由经过基因(gene)编码的一定数目的个体(individual)组成，通过"染色体"(chromosome)适者生存的进化过程，通过种群(population)的一代代不断进化，包括选择(selection)、交叉(crossover)和变异(mutation)等操作，最终收敛到"最适应环境"的个体，从而求得问题的最优解或满意解。

409	邻域搜索		沈吟东	陈仕军

　　邻域搜索(neighborhood search)是从任一解出发，对其邻域不断搜索和对当前解替换来实现逐步迭代寻找最优解的过程。简单地讲，对于任意一个解 x，它一个邻域 $N(x)$ 可以定义为能够从解 x 通过一次"移动"而得到的一组解的集合。该"移动"在排序问题中经常被定义为从一个解中移除或向一个解中添加一个元素，或者交换解中的两个元素。在邻域搜索中，假设可以用成本 $c(x)$ 表示任意解 x 的目标函数值，并且定义最优解 x_{best} 为能够使目标函数值达到最优的解。其中，终止条件或满足条件的解是预先设定的，这些条件设置的不同可以产生不同的邻域搜索算法，例如：求解最小化问题的下降算法就是一种最为常用的邻域搜索算法。选择改进解通常采用两种方法：一种是选择第一次获得的改进解，另一种是选择在当前解的邻域范围内的最优改进解。后者也称为最速下降法或最陡下降法。

410	局部搜索		高亮	李新宇

　　局部搜索(local search，LS)是一类可以有效解决优化问题的通

用算法。它的基本原理是在邻域解中迭代,使目标函数逐步优化,直至不能再优化为止。

局部搜索算法可描述为:假设问题的解空间表示为 S,局部搜索算法从一个初始解 $i \in S$ 开始,然后根据具体问题定义的具体邻域结构,在当前解 i 内按一定规则找到一个新解,再用这个新解取代 i 成为当前解,判断是否满足算法结束条件,如果不满足再对当前解继续使用算法,如果满足则算法结束,当前解就作为算法的最终解。

411	全局搜索	高亮	李新宇

全局搜索(global search,GS)是一种具有全局优化性能、通用性强且适合于并行处理的算法。这种算法一般具有严密的理论依据,而不是单纯凭借专家经验,理论上可以在一定的时间内找到最优解或近似最优解。

412	遗传规划	高亮	李新宇

遗传规划(genetic programming,GP)也称为遗传编程,是进化计算领域的重要技术之一。它是由美国斯坦福大学科扎(Koza)博士于 1992 年提出的,是利用达尔文生物进化思想设计的一种进化算法,与遗传算法在进化结构上有类似之处。其最大特点是把问题的解编码为一种树形结构,使得问题的编码具有不定长性,适用于程序自动生成、函数自动发现等领域。从本质上讲,遗传规划是一种搜索寻优的非解析算法,它的搜索是一种有指导的自适应搜索,效率很高,在工程上得到了成功的应用,如优化控制、寻求博弈策略和进化自发行为等都属于遗传规划。

413	基因表达式编程	高亮	李新宇

基因表达式编程(genetic expression programming,GEP)是在遗传算法和遗传规划的基础上提出的一种新的进化算法,它融合了遗传算法中定长、线性的字符串和遗传规划中长度大小可变的树形结构的特征。从形式上讲,GEP 和遗传算法类似,采用定长线性符号编码。由于编码特别巧妙,使得遗传操作非常简单。从功能上讲,GEP 和遗传规划类似,适用于程序自动生成、函数自动发现等领域。GEP 真正地把基因型和表现型分割开来,这种改进带来了很大的优越性。

414	变邻域搜索算法		高亮	李新宇

变邻域搜索算法（variable neighborhood search algorithm，VNS）是由 Mladenovic 和 Hansen 于 1997 年提出的一种高效局部搜索算法。其基本思想是：为了扩展解的搜索范围达到更好的获取局部最优解的目的，在搜索的过程中系统化地改变其多个邻域结构。该算法利用贪婪接受的原理，从给定的初始解出发，利用给定的邻域结构，不断地在当前解的邻域中进行搜索，若搜索到的邻域解优于现有的解，则把现有解进行更新，重复这样的行为直到满足算法的终止准则。VNS 区别于其他大多数局部搜索的地方在于其有多个邻域结构，而很多局部搜索一般只有一到两个邻域结构，这使得它有更大可能搜索到全局最优解。VNS 原理简单且参数少，因此容易实现，尤其在求解复杂的组合优化问题时优势更加明显。

415	模拟退火算法		贾兆红	李凯

模拟退火算法（simulated annealing algorithm）是基于蒙特卡罗（Monte Carlo）迭代求解的一种随机寻优算法，其出发点来源于物理中固体物质的退火过程与组合优化问题间的相似性。模拟退火算法从某一高初始温度开始，随着温度参数的不断下降，结合概率突跳特性在解空间中随机寻找目标函数的全局最优解。

416	禁忌搜索		沈吟东	李荣珩

禁忌搜索（tabu search）是一种逐步寻优的全局性邻域搜索算法，其核心思想是通过一系列禁忌规则来避免陷入局部最优解，从而找到近似全局最优解。它从一个初始解出发，通过试探一系列特定的搜索方向（称为移动），选择使目标函数值变优最多的移动来提高解的质量。禁忌搜索算法通过引入一个灵活的存储（memory）结构和相应的禁忌准则来避免迂回搜索，并通过貌视准则来赦免一些被禁忌的优良状态，进而保证多样化的有效探索以最终实现全局优化。其中，禁忌列表（tabu list）和候选列表（candidate list）是存储结构的核心。

417	memetic 算法		高亮	李新宇

memetic 算法（memetic algorithm，MA）是借用了人类文化进化的思想，通过个体信息的选择、信息的加工和改造等作用机制，实现人类信息的传播。因此，该算法也称为"文化基因算法"。该算法是一种

基于人类文化进化策略的群体智能优化算法,从本质上来说是遗传算法与局部搜索策略的结合,它充分吸收了遗传算法和局部搜索策略的优点,因此又称为"混合遗传算法"或"遗传搜索优化算法"。memetic算法首先初始化种群,生成一组代表解空间的染色体。然后,通过不断的迭代求得最优解,在每一次的迭代操作过程中,执行交叉、变异、局部搜索等操作。可以发现 memetic 算法的基本框架和遗传算法的框架是一致的,有所不同的是 memetic 算法引入了局部搜索,通常,局部搜索需要根据问题的特点来进行设计。引入局部搜索增强了算法的局部搜索能力,改善了种群的构成,提高了算法的求解效率。

| 418 | 分布估计算法 | 沈吟东 | 陈仕军 |

分布估计算法(estimation of distribution algorithm,EDA)是一种基于统计学习理论的种群进化算法。它通过建立概率模型来描述候选解在搜索空间的分布信息,采用统计学习手段从群体宏观的角度建立一个描述解分布的概率模型,然后对概率模型随机采样产生新的种群,如此反复实现种群的进化。EDA 提出了一种全新的进化计算模式,与经典的遗传算法(genetic algorithm,GA)不同,在 EDA 中,没有交叉和变异等遗传操作,取而代之的是概率模型的学习和采样。EDA 主要包含两个步骤:一是构建描述解空间的概率模型,通过对种群的评估,选择优秀的个体集合,然后采用统计学习等手段构造一个描述当前解集的概率模型;二是由概率模型随机采样产生新的种群,一般采用蒙特卡罗方法,对概率模型采样得到新的种群。

| 419 | 差分进化 | 白丹宇 | 潘全科 |

差分进化(difference evolution)是一种智能优化算法。它通过群体内个体之间的相互合作与竞争产生的群体智能来指导优化搜索的方向。算法的基本思想是从某一随机产生的初始群体开始,利用从种群中随机选取的两个个体的差向量作为第三个个体的随机变化源,把差向量加权后按照一定的规则与第三个个体求和而产生变异个体,该操作称为变异。然后,变异个体与某个预先决定的目标个体进行参数混合,生成试验个体,这一过程称为交叉。如果试验个体的适应度值优于目标个体的适应度值,则在下一代中试验个体取代目标个体,否则目标个体仍保存下来,该操作称为选择。在每一代的进化过程中,每一个体矢量作为目标个体一次,算法通过不断地迭代计算,保留优良个体,淘汰劣质个体,引导搜索过程向全局最优解逼近。

420	免疫算法		潘芳	王万良

　　免疫算法(immune algorithm，IA)是基于生命科学中的免疫网络原理、反向选择机理和克隆选择学说这三个免疫原理的一种新型智能算法。具有自适应、自学习、自组织、并行处理等特性，有解决复杂工程问题的潜力。免疫算法是由接种疫苗和免疫选择两部分操作构成的。首先对所求解的问题(抗原，antigen)进行具体分析，从中提取最基本的特征信息(疫苗，vaccine)；在合理提取疫苗的基础上，对特征信息进行处理，接种疫苗，将其转化为求解问题的一种方案(抗体，antibody)；其次，进行免疫检测和进化选择。前者以提高适应度，后者以防止种群的退化。然而，免疫算法在求解复杂排序问题时存在两个严重的缺陷：容易陷入局部最优平衡态和进化后期搜索停滞不前。

421	粒子群优化		白丹宇	贾兆红

　　粒子群优化(particle swarm optimization，PSO)又称为微粒群算法，是一种模拟鸟群捕食行为的优化算法。当鸟群在某个区域里随机搜索食物时，假定只有一块食物，每只鸟都不知道食物的位置，只知道当前的位置与食物的距离，那么找到食物的最优策略是在当前离食物最近的那些鸟的周围区域进行搜寻。

　　在 PSO 中每只鸟被称为一个粒子。每个粒子基于自身一定范围内感知到的其他粒子的飞行信息，结合其当前自身的飞行状态(空间位置、飞行方向矢量、飞行速度)，做出下一步的飞行决策。PSO 通过初始化得到一群随机粒子(随机解)，然后通过反复迭代找到最优解。在每一次迭代中，粒子通过跟踪两个"极值"来更新自己：一个是粒子本身所找到的最优解，这个解叫作个体极值；另一个是整个种群目前找到的最优解，这个极值是全局极值。

422	蚁群优化算法		白丹宇	潘全科

　　蚁群优化算法(ant colony optimization algorithm，ACOA)简称蚁群优化，是一种用来寻找优化路径的概率型算法，具有分布计算、信息正反馈和启发式搜索的特征，其灵感来源于蚂蚁在寻找食物过程中发现最短路径的行为。ACOA 求解优化问题的基本思路为：用蚂蚁的行走路径表示待优化问题的可行解，路径较短的蚂蚁释放的信息素量较多，随着时间的推进，较短的路径上累积的信息素浓度逐渐增高，选择该路径的蚂蚁个数也愈来愈多。最终，整个蚂蚁会在正反馈的作用下集中到最佳的路径上，此时对应的便是待优化问题的最优解。

423	人工蜂群算法		白丹宇	潘全科

　　人工蜂群（artificial bee colony，ABC）**算法**是模仿蜜蜂采蜜行为提出的一种优化方法，是集群智能思想的一个具体应用。它的主要特点是不需要了解问题的特殊信息，只需要对问题进行优劣的比较，通过各人工蜂个体的局部寻优行为及相互之间的协作，最终在群体中使全局最优值凸显出来。

　　ABC算法把人工蜂群分为三类：采蜜蜂、观察蜂和侦察蜂。采蜜蜂基于当前的蜜源信息寻找新的蜜源并与观察蜂分享蜜源信息；观察蜂在蜂房中等待直至接收到采蜜蜂分享的信息，并据此去寻找新的蜜源；侦察蜂的任务是在蜂房附近随机地寻找一个新的有价值的蜜源。整个蜂群的目标是寻找花蜜量最大的蜜源，蜜蜂根据各自的分工进行不同的活动，并通过蜂群信息的共享和交流，找到问题的最优解。

424	类电磁机制算法		高亮	李新宇

　　类电磁机制（electromagnetism-like mechanism，EM）**算法**是由 Birbil 和 Fang 于 2003 年提出的一种新型的基于种群的元启发式全局优化算法，最早是用于求解无约束函数优化问题。其基本思想是模拟电磁场中的吸引-排斥机制，较优的解吸引较差的解，较差的解排斥较优的解，促使所有解都朝比自己优的位置移动。这种思想来源于电磁理论中吸引-排斥机制，但两者又不完全相同，因此称为类电磁机制算法。

425	和声搜索算法		高亮	李新宇

　　和声搜索（harmony search，HS）**算法**是韩国学者 Geem 等于 2001 年提出的一种新型的智能优化算法。该算法模拟了音乐演奏中乐师们凭借自己的记忆，通过反复调整乐队中各乐器的音调，最终达到一个美妙的和声状态的过程。HS 算法把乐器声调的和声类比成优化问题的解，评价是对应的目标函数值。当每个决策变量以和声算法选值时，有以下三种规则：第一个是从和声记忆库（harmony memory，HM）中任选一个值；第二个是选一个与 HM 中的值临近的值，这个过程被定义为音调调节（pitch adjustments）；第三个是从可行域中随机选取一个值，称为随机（randomization）选择。算法引入两个主要参数：和声记忆库选择概率（harmony memory considering rate，HMCR）和音高调整概率（pitch adjusting rate，PAR）。算法首先

	产生和声记忆库大小(harmony memory size，HMS)的初始解(和声)放入 HM 内；然后，在 HM 内随机搜索新解。具体做法是：对于每一个和声中的音调，随机产生 0～1 的随机数 rand。如果 rand＜HMCR，则新的音调在 HM 中随机搜索得到；否则在 HM 外，在变量可能的值域内搜索取值。再微调 PAR 对取自 HM 内的新音调进行局部扰动。最后，判断新和声的目标函数值是否优于 HM 内的最差解。若是，则替换该最差解，并不断迭代，直至达到预定迭代次数为止。		
426	帝国竞争算法	张洁	张朋
	帝国竞争算法(imperialist competitive algorithm，ICA)简称为竞争算法，是受帝国主义国家竞争行为启发而由 Atashpaz 和 Lucas 于 2007 年提出的一种进化类算法，与粒子群优化(PSO)、蚁群优化算法(ACOA)等都属于基于群体的随机优化搜索算法。和其他进化类算法一样，该算法也是从一个初始种群开始搜索。初始种群中的个体被称为国家，它们分为两类：殖民地和宗主国。每个宗主国与附属于它的若干个殖民地构成一个帝国。各帝国之间存在互相争夺殖民地的竞争，实力强的帝国将会获取越来越多的殖民地，而实力弱的则将会逐渐失去自己的殖民地，直至灭亡。一个帝国的实力同时取决于宗主国的实力与殖民地的实力，为二者的加权之和，不过宗主国的实力起主导地位。算法执行后的最终结果是所有国家形成一个帝国，也即解最终收敛于这个帝国。		
427	布谷鸟搜索算法	潘芳	王万良
	布谷鸟搜索算法(cuckoo search algorithm，CSA)是模拟布谷鸟的巢寄生行为和鸟类莱维(Levy)飞行行为的启发式算法。在排序应用过程中，每个巢中的卵代表一个解，布谷鸟的卵代表新解，布谷鸟通过随机游走的方式搜索得到一个最优的鸟窝来孵化自己的鸟蛋。该算法的目的是使用新的和潜在的更好的解，以取代不那么好的解，达到高效地寻优。该算法主要的优点是参数少、操作简单、易实现、随机搜索路径优和寻优能力强等。布谷鸟算法常常与其他算法杂合，用于求解特定的排序问题。		
428	入侵性杂草优化算法	潘芳	王万良
	入侵性杂草优化算法(invasive weed optimization algorithm，IWO)是模仿杂草入侵的生长繁殖、种子空间扩散和竞争性消亡基本过程的		

一种启发式算法。在寻优搜索过程中充分利用种群中的优秀个体指导群体的进化,在加强较优个体周围局部搜索的同时兼顾种群多样性,更符合自然进化法则,具有很强的鲁棒性和适应性。入侵性杂草优化算法常常与其他算法杂合,用于求解特定的排序问题。

429	非支配排序遗传算法 2	刘振元	邢立宁

非支配排序遗传算法 2(non-dominated sorting genetic algorithm Ⅱ,NSGA-Ⅱ)是经典的多目标进化算法之一。它采用快速非支配排序对个体进行分级,并以此作为第一准则选择精英个体,保证了算法的收敛性;此算法采用拥挤度比较算子作为第二准则选择处在同一级的个体,从而保持种群多样性。NSGA-Ⅱ的染色体编码、解码、交叉和变异与基本多目标遗传算法一致,主要区别在于:把衡量种群个体优劣的适应度函数设置为个体等级和拥挤度;在选择新一代的种群时不采用"三人锦标赛法",而是根据种群的等级和拥挤度来选择。

430	高维多目标进化算法	刘振元	邢立宁

当优化问题的目标个数大于 3 时,许多经典的基于帕累托(Pareto-based)多目标进化算法的搜索能力会显著下降。研究者把具有 3 个以上目标的优化问题定义为高维多目标优化问题,而专门设计用来解决高维多目标优化问题的进化算法统称为**高维多目标进化算法**(high-dimension multi-objective evolutionary algorithm)。当前比较典型的此类算法包括 NSGA-Ⅲ、HypE、GrEA 基于支配和分解的进化多目标优化算法(multi-objective evolutionary algorithm based on dominance and decomposition,MOEA/DD)等。其中,NSGA-Ⅲ的计算框架与 NSGA-Ⅱ类似,区别在于保证种群多样性的机制来源于事先给定一些具备较好分布的参考点并实时改进;HypE 采用了一个度量标准-超体积来引导整个进化搜索过程;GrEA 的核心思想是利用网格优势关系来引导进化过程,这种关系是传统优势关系的一种扩展,选择的收敛性与种群的多样性很好;MOEA/DD 则综合了支配与分解来平衡进化过程中的多样性和收敛性。

431	多向局部搜索算法	刘振元	邢立宁

多向局部搜索算法(multi-directional local search algorithm)是解决多目标问题的一种新型元启发式方法。基本思想是:在多目标问题中,为了找到解的邻域中新的有效解,每次只需从该解开始沿

	一个目标的方向搜索即可。方法原理是:搜索到的所有非支配解均被保存至非支配解集中,每次迭代均从该解集中随机选择一个解,对每一个目标单独执行单目标局部搜索方法,然后把得到的新解用来更新非支配解集。其优点是简便、灵活以及可以嵌套使用任何单目标局部搜索算法。		
432	学习型智能优化方法	邢立宁	向尚
	学习型智能优化方法(learnable intelligent optimization approaches)是把智能优化模型和知识模型有效结合起来的混合智能优化方法。采用知识模型和智能优化模型相结合的集成建模思路,以智能优化模型为基础,把智能优化模型和知识模型进行优化组合、优势互补,以提高学习型智能优化方法的效率。在学习型智能优化方法中,智能优化模型按照"邻域搜索"策略对优化问题的可行空间进行搜索;知识模型从前期的优化过程中挖掘出有用知识,然后采用知识来指导智能优化方法的后续优化过程。		
433	学习型遗传算法	邢立宁	向尚
	学习型遗传算法(learnable genetic algorithm)是把遗传算法与知识模型有效结合起来的混合优化算法。其特点是融合了多种交叉、变异和灾变算子,并根据算子绩效知识、参数知识、构件顺序知识等智能地选择交叉、变异和灾变算子,在不影响搜索过程随机性的前提下收敛于全局最优解。		
434	学习型蚁群算法	邢立宁	向尚
	学习型蚁群算法(learnable ant colony optimization)是把蚁群算法与知识模型有效结合起来的混合优化算法。其特点是充分利用信息反馈和方案重组,根据优化绩效动态地选择参数组合,采用改进的精英蚂蚁来更新信息素水平,并在优化过程中不断抽取构件知识用于指导人工蚂蚁的后续优化。		
435	学习型协同进化算法	邢立宁	向尚
	学习型协同进化算法(learnable coevolution algorithm)由计算环境中的多个普通种群和一个优良种群构成,各个普通种群进行竞争,从计算环境中得到计算资源;一旦某个种群获得计算资源,它便对自己进行一次进化。各个普通种群把进化得到的优良个体贡献出来,组		

成优良种群；普通种群可从优良种群中获取优良个体，以改善本种群的品质。在学习型协同进化算法中，各个种群均采用不同的优化方法和参数设置来推进各自的进化进程；同时，这些种群又通过相互的资源竞争和信息共享，共同推动着整体算法的演化进程。学习型协同进化算法用到了三类知识：①精英个体知识，把普通种群中的一些精英个体共享到优良种群中，通过良种更新和良种迁移策略来实现普通种群和优良种群之间的交互；②构件知识，从优良种群中抽取构件指派机器知识和构件指派顺序知识，应用构件指派机器知识和构件指派顺序知识来指导人工蚂蚁构建可行方案；③参数知识，采用不同优化方法和参数配置来实现各个普通种群的演化，以较高概率给竞争力指数高的种群赋予计算资源。

436	扩展启发式方法	邢立宁	向尚

扩展启发式方法（extended heuristic method）是将已有启发式方法进行扩展，得到改进的混合启发式方法。扩展方式包括：将已有启发式方法中的确定性规则扩展为随机规则；通过分段函数将多个现有启发式方法扩展成混合启发式规则等。由于随机性的加入、多个启发式方法的混合，扩展启发式方法一般能得到比较好的可行方案。

437	知识	邢立宁	向尚

知识（knowledge）是用于解决问题的有价值的结构化数据。知识可以分为显性知识（explicit knowledge）和隐性知识（tacit knowledge）。显性知识可用正规化的、系统化的语言来传输；隐性知识拥有个性化特征，很难被正规化和传播。

438	知识模型	邢立宁	向尚

知识模型（knowledge model）是为完成知识表达、知识获取、知识存储和知识应用而使用的技术、方法和手段的集合体；是指描述某一领域产品相关专家知识的信息模型。知识模型把专家知识、产品设计过程知识和环境知识等明确地表示于产品信息模型中，支持系统中智能模块的信息表达和传递。知识模型通常基于系统功能和结构知识构建，通过符号或流图来描述。知识模型主要研究形式化和结构化的知识。

439	精英个体知识	邢立宁	向尚

精英个体知识（knowledge of elitist）是精英个体集中所有个体。

精英个体集中的个体是指种群从开始优化(进化)到目前为止搜索到的适应度值最高的个体,它具有最好的基因结构和优良特性。在精英个体集中,精英个体数目是确定的;在每次迭代之后,如果新获得的精英个体优于精英个体集中的最差个体,则用新获得的精英个体替换精英个体集中的最差个体;反之,不执行替换操作。

440	构件知识		邢立宁	向尚

　　构件知识(knowledge of component)是指构建优化问题可行方案的部件的特征信息,共分为 5 类构件知识:构件顺序知识、构件聚类知识、构件指派机器知识、构件指派顺序知识和变量灵敏度知识。构件顺序知识(component priority knowledge,CPK)是描述构件之间服务顺序的一种累积知识。构件聚类知识(component cluster knowledge,CCK)是描述构件之间聚类性质的一种累积知识。构件指派机器知识(component assignment machine knowledge,CAMK)是指把给定构件安排到比较合理的机器上进行加工的一种累积知识。构件指派顺序知识(component assignment priority knowledge,CAPK)是指把给定构件以比较合理的优先级进行加工的一种累积知识。变量灵敏度知识是指各个变量在给定区域内对目标值(输出结果)的敏感程度。

441	算子知识		邢立宁	向尚

　　算子知识(knowledge of operators)是指各个算子优化绩效的一种累积知识,也称为算子绩效知识(performance knowledge of operators,PKO)。当采用某种算子执行单次操作时,假设参与操作的原个体集合为 C_B,操作后产生的新个体集合为 C_A,若 C_A 中的最优个体好于 C_B 中的最优个体,则认为采用该算子完成的此次操作是成功的。算子的优化绩效可理解为在求解当前实例的过程中,采用某算子所获得的成功操作次数。

442	参数知识		邢立宁	向尚

　　参数知识(knowledge of parameter)是指各个参数组合优化绩效的一种累积知识,又称为参数组合绩效知识(performance knowledge of parameter combinations)。使用参数知识的智能优化方法采用多个不同参数组合来实施演化过程,同时根据参数组合的优化绩效来确定下次迭代所使用的参数组合。在单次迭代完成后,如果全局最优解

	被改进，那么当前迭代称为一次成功的迭代。在求解当前实例的过程中，采用给定参数组合获得的成功迭代次数可看作是该参数组合的优化绩效。		
443	基于人工神经网络的排序算法	潘芳	王万良

　　基于人工神经网络的排序算法（scheduling algorithm based on artificial neural network）是运用人工神经网络的架构，在计算机上模仿人脑所从事的推理、学习、思考、规划等思维活动，从而求解复杂排序问题的方法。人工神经网络（简称神经网络）常用的基本领域有联想记忆、分类、优化计算、过程辨识、决策控制和自组织语义映射等；近年来被运用于构建逻辑推理机，自组织智能系统的决策推理过程。神经网络方法在 Job-shop 排序模型及其优化算法研究中的应用大致可以分为 4 类：第 1 类将实际问题的优化解与神经网络的稳定状态相对应，把对实际问题的优化过程映射为神经网络系统的演化过程；第 2 类利用其分类能力，选择优先规则；第 3 类描述复杂的排序约束或排序策略；第 4 类利用可并行运算的性质，与其他算法组合。

　　由于 JSP 应用环境的动态复杂性，基于决策者（agent）的专家系统为解决排序的适用性、实时性和智能性提供了新的辅助手段。它们可以克服固定单一算法的不足，根据系统当前的状态和给定的优化目标，对知识库进行有效的启发式搜索并进行推理，避开烦琐的计算，选择最优的排序策略，还可以在线捕捉、学习、积累、沉淀、改善和运用排序策略。

四、应　用　篇

序号	条目	执笔人	校阅人	页码
	（十六）生产系统			
444	生产系统	周支立	刘振元	142
445	物料流	周支立	刘振元	142
446	信息流	周支立	刘振元	142
447	生产计划与控制	周支立	刘振元	143
448	产品定位策略	周支立	刘振元	143
449	存货式生产	周支立	刘振元	143
450	接单组装	周支立	刘振元	143
451	接单生产	周支立	刘振元	143
452	接单后工程设计	周支立	刘振元	143
453	连续性流程	周支立	刘振元	144
454	批量流程	周支立	刘振元	144
455	专线且重复式流程	周支立	刘振元	144
456	混线且重复式流程	周支立	刘振元	144
457	定点式生产	周支立	刘振元	144
458	工艺规划	高　亮	李新宇	145
459	装配序列规划	高　亮	李新宇	145
460	装配线平衡问题	范国强	王军强	145
461	约束理论	陈　剑	王军强	146
462	最优生产技术	陈　剑	王军强	146
463	鼓-缓冲-绳法	陈　剑	王军强	146
464	有效产出	陈　剑	王军强	147
465	硬约束	周支立	刘振元	147
466	软约束	周支立	刘振元	147
467	确定性搜索	周支立	刘振元	147
468	伯努利生产线	陈　剑	王军强	148
469	产品组合优化	陈　剑	王军强	148

序号	条目	执笔人	校阅人	页码
470	考虑产品外包的产品组合优化	陈　剑	王军强	148
471	主生产计划	陈　剑	王军强	149
472	物料需求计划	陈　剑	王军强	149
473	瓶颈识别	陈　剑	王军强	149
474	多属性瓶颈识别	陈　剑	王军强	150
475	单抓钩周期性调度	周支立	刘振元	150
476	单煤矿生产系统集成调度问题	周支立	刘振元	151
477	协调搬运的出货调度问题	周支立	刘振元	151
478	体系仿真优化问题	邢立宁	向　尚	151
479	仿真排序	潘　芳	王万良	152
480	离散事件动态系统	潘　芳	王万良	152
481	排序算法杂合	潘　芳	王万良	152

（十七）晶圆制造

序号	条目	执笔人	校阅人	页码
482	晶圆制造系统	张　洁	张　朋	153
483	自动化物料运输小车调度	张　洁	张　朋	153
484	光刻机调度	张　洁	张　朋	154
485	炉管区调度	张　洁	张　朋	154
486	自动化物料运输系统	张　洁	张　朋	154
487	复杂网络	张　洁	张　朋	155
488	马尔可夫链	张　洁	张　朋	155
489	仿真模型	张　洁	张　朋	156
490	运输任务指派	张　洁	张　朋	156
491	运输路径规划	张　洁	张　朋	156
492	脊柱式布局	张　洁	张　朋	157
493	在制品水平	张　洁	张　朋	157
494	加工周期	张　洁	张　朋	157
495	排队队长	张　洁	张　朋	158
496	设备利用率	张　洁	张　朋	158
497	生产率	张　洁	张　朋	158
498	移动步数	张　洁	张　朋	158

序号	条目	执笔人	校阅人	页码
499	移动速率	张　洁	张　朋	159
500	准时交货率	张　洁	张　朋	159
501	佩特里网	张　洁	张　朋	159

（十八）服务系统

序号	条目	执笔人	校阅人	页码
502	服务系统	刘振元	刘士新	160
503	多技能人员调度	刘振元	刘士新	160
504	多主体系统	刘振元	刘士新	160
505	合同网	刘振元	刘士新	161
506	人员调度与路径优化	刘振元	刘　冉	161
507	时序关系	刘振元	刘　冉	162
508	rollout 算法	刘振元	邢立宁	162
509	超体积	刘振元	邢立宁	162
510	并行调度方案	刘振元	刘士新	163
511	串行调度方案	刘振元	刘士新	163
512	多样性测度	刘振元	邢立宁	163
513	分散性测度	刘振元	邢立宁	164

（十九）物流配送

序号	条目	执笔人	校阅人	页码
514	悲观准则	张　富	马卫民	164
515	乐观准则	张　富	马卫民	165
516	确定型决策	张　富	马卫民	165
517	不确定型决策	张　富	马卫民	165
518	风险型决策	张　富	马卫民	165
519	不确定性	张　富	马卫民	166
520	稠密匹配算法	张　富	马卫民	166
521	费用函数	张　富	马卫民	166
522	复位策略	张　富	马卫民	166
523	概率分布	张　富	马卫民	166
524	工作函数	张　富	马卫民	167

序号	条目	执笔人	校阅人	页码
525	深度在线	张　富	马卫民	167
526	折中准则	张　富	马卫民	167
527	最小后悔值法	张　富	马卫民	167

(二十)公共交通

序号	条目	执笔人	校阅人	页码
528	公共交通	沈吟东	陈仕军	167
529	城市轨道交通	沈吟东	陈仕军	168
530	公共交通调度	沈吟东	陈仕军	168
531	公交时刻表	沈吟东	陈仕军	168
532	公交集成调度	沈吟东	陈仕军	168
533	车辆调度	沈吟东	陈仕军	169
534	驾驶员	沈吟东	陈仕军	169
535	驾驶员调度	沈吟东	陈仕军	169
536	驾驶员轮班	沈吟东	陈仕军	169
537	站间运营时间	沈吟东	陈仕军	169
538	站点	沈吟东	陈仕军	170
539	车场	沈吟东	陈仕军	170
540	单程	沈吟东	陈仕军	170
541	空驶	沈吟东	陈仕军	170
542	车次链	沈吟东	陈仕军	170
543	车辆调度方案	沈吟东	陈仕军	170
544	车辆运营任务	沈吟东	陈仕军	170
545	驾驶员调度方案	沈吟东	陈仕军	171
546	换班机会	沈吟东	陈仕军	171
547	小驾驶段	沈吟东	陈仕军	171
548	连续驾驶段	沈吟东	陈仕军	171
549	签到	沈吟东	陈仕军	171
550	签退	沈吟东	陈仕军	171
551	班次	沈吟东	陈仕军	171
552	班型	沈吟东	陈仕军	172
553	分段班	沈吟东	陈仕军	172

续表

序号	条目	执笔人	校阅人	页码
554	整班	沈吟东	陈仕军	172
555	单班	沈吟东	陈仕军	172
556	多属性决策	羊　英	宋福根	172
557	班次评价	沈吟东	陈仕军	172
558	劳动法规	沈吟东	陈仕军	173
559	合法班次	沈吟东	陈仕军	173
560	无效班次	沈吟东	陈仕军	173
561	中式用餐约束	沈吟东	陈仕军	173
562	用餐链	沈吟东	陈仕军	173
563	公交运营成本	沈吟东	陈仕军	173
564	资源约束最短路	陈仕军	沈吟东	174

（二十一）医院运营管理

序号	条目	执笔人	校阅人	页码
565	门诊服务	唐加福	姜博文	174
566	门诊医疗资源	唐加福	姜博文	174
567	诊疗能力	唐加福	姜博文	174
568	患者爽约	唐加福	姜博文	175
569	患者需求量	唐加福	姜博文	175
570	患者偏好	唐加福	姜博文	175
571	患者优先级	唐加福	姜博文	175
572	复诊	唐加福	姜博文	175
573	门诊预约系统	唐加福	姜博文	176
574	门诊预约优化	唐加福	姜博文	176
575	门诊排队系统	唐加福	姜博文	176
576	预约时间	唐加福	姜博文	176
577	预约时间间隔	唐加福	姜博文	176
578	门诊环境因素	唐加福	姜博文	177
579	患者不守时行为	唐加福	姜博文	177

序号	条目	执笔人	校阅人	页码
580	临时到达患者	唐加福	姜博文	177
581	服务时间	唐加福	姜博文	177
582	预约调度规则	唐加福	姜博文	178
583	批量	唐加福	姜博文	178
584	患者等待时间	唐加福	姜博文	178
585	预约公平性	唐加福	姜博文	178
586	穹顶型调度策略	唐加福	姜博文	178
587	开放式预约系统	唐加福	姜博文	179
588	超额预约	唐加福	姜博文	179
589	联合能力计划与调度问题	唐加福	姜博文	179
590	加号	唐加福	姜博文	179
591	不守时时间窗	唐加福	姜博文	179
592	患者乱序到达	唐加福	姜博文	180
593	序列预约调度	唐加福	姜博文	180
594	取消预约	唐加福	姜博文	180
595	医院运营管理	羊　英	钟力炜	180
596	医疗服务管理	羊　英	钟力炜	180
597	医院质量管理	羊　英	钟力炜	181
598	医院信息管理	羊　英	钟力炜	181
599	医疗设备管理	羊　英	陈　童	181
600	疾病诊断相关分组	羊　英	钟力炜	181
601	住院管理	羊　英	钟力炜	182
602	手术排程	罗守成	钟力炜	182
603	护士排班	刘振元	白瑞斌	182
604	数字孪生	羊　英	陈　童	182
605	智慧医院运营管理	羊　英	陈　童	183
606	供应链	羊　英	林慧丹	183
607	供应链管理	羊　英	林慧丹	183
608	供应链运营参考模型	羊　英	林慧丹	183
609	SPD	羊　英	林慧丹	184
610	病例组合指数	羊　英	钟力炜	184
611	设备管理	羊　英	陈　童	184

(二十二)应急调度

序号	条目	执笔人	校阅人	页码
612	突发事件	高淑萍	张胜贵	185
613	应急响应	高淑萍	张胜贵	185
614	应急资源调度	高淑萍	张胜贵	185
615	应急	高淑萍	张胜贵	185
616	应急车辆调度	高淑萍	张胜贵	185
617	应急物资	张剑湖	张胜贵	186
618	应急管理	张剑湖	张胜贵	186
619	应急预警	张剑湖	张胜贵	186
620	多层优化	高淑萍	张胜贵	187
621	应急系统	高淑萍	张胜贵	187
622	应急组织	高淑萍	张胜贵	187
623	应急救援	高淑萍	张胜贵	187
624	不确定性应急调度	高淑萍	张胜贵	187
625	应急物流	高淑萍	张胜贵	187
626	应急出救点	张剑湖	张胜贵	188
627	应急点	张剑湖	张胜贵	188
628	应急评价	高淑萍	张胜贵	188
629	应急预案	高淑萍	张胜贵	188
630	应急资源	张剑湖	张胜贵	188
631	应急调度网络	高淑萍	张胜贵	189
632	应急窗口	高淑萍	张胜贵	189
633	应急服务	高淑萍	张胜贵	189

(二十三)其他

序号	条目	执笔人	校阅人	页码
634	排序反问题	陈荣军	张 峰	190
635	双边匹配	羊 英	唐国春	190
636	成像卫星任务规划技术	邢立宁	向 尚	190
637	多星任务规划问题	邢立宁	向 尚	190
638	卫星地面站系统任务调度	邢立宁	向 尚	191

（十六）生产系统

序号	条目	执笔人	校阅人
444	生产系统	周支立	刘振元
	生产系统（production system）是人员、设备和程序（procedures）的集合，以完成公司的生产作业。通常生产系统又分为生产设施和制造支持系统两大类。其中，生产设施是指工厂内或制造系统中的机器（如加工设备、刀具、夹具等）与搬运设备，以及构成这些机器设备的实体装置等；制造支持系统则是许多程序的集合，包含企业为了管理生产，以及为了解决订购原材料、在厂内的工件搬运、确保产品符合质量标准等所遇到的技术或逻辑问题的程序。另外，产品设计和某些企业功能（如设备运维、人力资源、安健环（安全、健康、环境）管理等）也包含在制造支持系统内。		
445	物料流	周支立	刘振元
	物料流（material flow）活动是与物流有关的实际活动，是以物料为主体，从原材料的供给到产品的产出过程，也称为制造程序，包括加工、装配、搬运以及检测等直观可见的活动，而且是可与实际产品接触的。其中，加工泛指生产过程中，对原材料进行物理或化学性质的改变，以达到产品需求的生产过程，例如金属切削、研磨等作业活动；装配则是指生产过程中，对已经完成加工过程的原材料进行组装以达到具有特定功能的成品或者半成品；搬运是在生产过程中，完成工件的载入、退出、定位、传送等功能的活动，例如把原材料搬上加工机器，把半成品存储到暂存库房中；检测是对成品或者半成品监测及测试其外观或功能是否达到既定的质量要求所做的工作。		
446	信息流	周支立	刘振元
	信息流（information flow）活动为管理者提供有用的信息处理，以顺利执行各类生产活动。这些信息处理功能包括产品设计、企业功能、生产计划和生产管理等业务职能中的信息处理。其中，产品设计与研发是生产的源头，是顾客需求、产品质量与生产成本的主要依据，因此在产品设计或产品研发之前，公司必须深入了解市场状况及掌握		

	顾客的需求,并且对产品的生命周期加以分析,才可以针对产品的技术、制程、采购、生产加以设计;企业功能是除研发与生产以外,一般性的企业功能及营销、财务、人力资源等多项功能。		
447	生产计划与控制	周支立	刘振元
	生产计划与控制(production planning and control,PPC)主要提供有关制造支持系统的信息,有效地管理物料流、利用人员和机器资源,并与供应商及客户合作,协调生产系统内部的活动,以满足市场需求。		
448	产品定位策略	周支立	刘振元
	产品定位策略(product positioning strategy)是指一个企业组织选择客户对产品交货时间满意度及其对应的存货策略,主要决定因素为制造提前期及客户对交货时间的愿意接受程度。		
449	存货式生产	周支立	刘振元
	存货式生产(make-to-stock,MTS)又称为计划性生产或备货式生产的产品定位策略,一般适合于价格稳定、质量合理且可立即交货的标准品。		
450	接单组装	周支立	刘振元
	接单组装(assemble-to-order,ATO)这种产品定位策略是把零组件模块化后先生产成半成品,当接到顾客订单后再进行最后成品的组装活动,以降低最终成品存货的库存风险。此类生产的竞争策略是能够提供许多不同组合给客户,而且通常只需要很短的提前期便能组装成最终产品。		
451	接单生产	周支立	刘振元
	接单生产(make-to-order,MTO)这种产品定位策略下,通常不会储存成品,而是依据顾客的订单需求数量进行生产与组装活动。客户下订单时,会预期要有一段时间等待产品的生产、组装与交付。		
452	接单后工程设计	周支立	刘振元
	接单后工程设计(engineered-to-order,ETO)这种产品定位策略下,依据客户的个性化需求而特别订制,也就是最终的产品包含标准零件及专为客户需求而特别设计的部分,一般在接到订单需求与数量		

	后再进行产品设计、生产与装配活动。其交货时间一般比前三种策略（MTS、ATO 和 MTO）长一些。		
453	连续性流程	周支立	刘振元
	连续性流程（continuous flow）生产是相同产品在同一生产线连续产出的活动。例如液体、废弃物、粉末、金属料件的大量生产或处理。石油炼油厂连续地把原油提炼成各式各样的石油制品；而自来水管、油管或者天然气管道的生产也都是连续性流程生产的过程。		
454	批量流程	周支立	刘振元
	批量流程（batch flow）生产与连续性流程是相似的，只是在同样的设备上可以生产两种以上的批次产品，而改变所生产的产品就必须换线。一旦换线生产就产生所谓的调整时间（setup time），其耗时可能数小时或数天以上，且此调整时间是一种延迟，一般不形成任何生产力。		
455	专线且重复式流程	周支立	刘振元
	专线且重复式流程（dedicated repetitive flow）生产专线指的是生产设备只生产同一种类产品。产品的变化小（如大小或颜色），无论是制造还是装配的过程中，都需要把调整时间上的延迟降至最低。因此，专线且重复式流程生产的选定是某项零件必须有专属的生产线，例如钣金冲压。		
456	混线且重复式流程	周支立	刘振元
	混线且重复式流程（mixed-model repetitive flow）是在同一条生产线上混合生产不同形式的产品。不同产品间的转换所需时间很短或是可忽略不计；不同的产品则交错地在同一条生产线上出现。假设 A、B、C、D 代表不同的产品，混线的流程 $A-B-C-A-B-C-A-B-A-D$ 代表着每当 D 完成生产时，已有 4 个 A、3 个 B、2 个 C 完成生产。		
457	定点式生产	周支立	刘振元
	定点式生产（fixed site manufacturing）的主要特征是将所有材料、机器设备、工器具以及人员等均集中到产品被制造的地点。此种生产过程多见于产品过于庞大或不易移动，如飞机、造船、公路施工等。		

458	工艺规划		高亮	李新宇

　　工艺规划(process planning)是工艺准备过程的重要组成部分,其作用是确定产品的加工方法、加工顺序、工艺参数以及制造所需要的资源及时间等。工艺规划方法一般有两种类型:一种是基于相似性的方法,如派生式方法与基于实例推理的方法等,基于相似性的方法是基于某方面的相似性,这种相似性可能体现在零件几何特征、加工特征、加工工具等。另一种是基于规则的方法,拥有诸多表达形式,比如决策表、决策树、专家系统中的产生式规则。

459	装配序列规划		高亮	李新宇

　　装配序列规划(assembly sequence planning,ASP)是基于装配体中各个零部件之间的几何和工程约束信息,求得一个满足这些约束的最优装配序列。装配序列规划是一个典型的组合优化问题,其实质是在多种几何约束条件和工艺约束条件的制约下,求得性能优良装配序列的过程。

　　装配是产品全生命周期的重要组成部分,是实现产品功能的重要操作。通常,产品功能无法通过单独的零件来实现,而是通过把一些零件按照一定的关系组合在一起,成为一个统一的整体来实现产品的功能,且产品的性能很大程度上取决于产品的装配质量。产品装配序列是影响产品装配成本和装配质量的关键因素之一。一旦产品的装配序列确定下来,装配线布置完毕后,如果产品的装配序列需要改变,装配线也需要进行相应的调整,会导致成本的大幅增加;当产品比较复杂时,产品可行装配序列的数量与产品零部件的数量呈指数增长关系,所以,复杂产品的装配序列规划存在组合爆炸问题。

460	装配线平衡问题		范国强	王军强

　　装配线平衡问题(assembly line balancing problem,ALBP)是在满足装配工艺优先关系、产线布局等约束条件下,将一系列装配操作分配到装配单元上以最小化装配单元数量、最小化节拍、最大化装配效率等为目标的一类优化问题,广泛应用于发动机、汽车、家电等生产装配中。根据优化目标不同可分为4种类型:第一类装配线平衡问题为给定节拍的情况下最小化装配单元数量;第二类装配线平衡问题为给定装配单元数量情况下最小化节拍;第三类即E类装配线平衡问题为均衡节拍和装配单元数量以达到最大化装配效率;第四类即F类

装配线平衡问题为给定装配单元数量及节拍的情况下判定可行解的存在性。根据模型假设不同,可分为简单装配线平衡问题和一般装配线平衡问题。简单装配线平衡问题的主要特征包括单一的产品品种、确定的装配工艺约束、固定的装配节拍、确定的作业时间、单边的产线布局等。一般装配线平衡问题突破了简单装配线的主要特征,具有产品品种多样、产线布局复杂、装配时间随机等特征。其中,按产线布局常见的装配线有单边装配线、U 型装配线和双边装配线等。

461	约束理论		陈剑	王军强

约束理论(theory of constraints,TOC)是由以色列物理学家艾利·M. 高德拉特(Eliyahu M. Goldratt)博士在 19 世纪 80 年代提出的,从最优生产技术基础上逐渐发展而来,具体内涵包括 3 个方面:第一,TOC 是使瓶颈产能优化进而带动系统产出优化的生产管理技术;第二,TOC 是系统地解决问题的一套思维流程;第三,TOC 是辨识系统的核心问题、突破系统限制并且持续改善的管理哲学。约束理论注重系统的瓶颈,强调瓶颈的持续改善和有效产出的最大化。约束理论持续改进五步法(five focusing steps,FFS)步骤为:辨识系统瓶颈;充分利用瓶颈;非瓶颈配合瓶颈;提升瓶颈;辨识新的瓶颈,循环 FFS 以持续提升。约束理论已应用于航空、汽车、电子、半导体、钢铁、家具、服装等工业以及医疗、交通、旅游、餐饮等服务业中的生产管理、项目管理、成本控制、供应链管理等方面。

462	最优生产技术		陈剑	王军强

最优生产技术(optimized production technology,OPT)是高德拉特博士在 19 世纪 70 年代开发的生产系统优化软件。最优生产技术聚焦于瓶颈辨识与产能管理,通过优化瓶颈能力利用程度提高系统有效产出,降低库存,提高企业利润。最优生产技术的核心思想及相关技术被逐渐扩展,最终发展为约束理论。

463	鼓-缓冲-绳法		陈剑	王军强

鼓-缓冲-绳(drum-buffer-rope,DBR)法是约束理论解决调度优化和过程管控的有效工具。DBR 法通过对瓶颈环节进行控制,其他环节与瓶颈环节同步,实现顾客需求与企业能力之间的最佳配合,达到物流平衡、准时交货和有效产出最大化等目标。"鼓"(drum)标识系统瓶颈的位置,指示系统改进的重心,决定系统的生产节奏,控制系

统的有效产出。通过优先对瓶颈编制生产计划,并使非瓶颈与瓶颈环节保持同步,通过"鼓"控制生产的节奏,保证瓶颈的充分利用。"缓冲"(buffer)将关键环节保护起来,利用非瓶颈多余生产能力吸收生产过程的扰动,降低或者消除扰动对瓶颈的影响。"绳"(rope)是生产系统的物料投放机制,关联瓶颈资源,传递瓶颈的需求,并按"鼓"的节奏控制各工序物料的投料时机和数量、各工序的加工节奏以及在制品的库存水平,使得其他环节的生产节奏与瓶颈资源同步,以保证物料按照"鼓"的节奏按需准时到达瓶颈,及时通过瓶颈并准时装配和及时交货。

| 464 | 有效产出 | | 陈剑 | 王军强 |

有效产出(throughput)是指通过实现产品销售来获取盈余的速率。有效产出是约束理论提出的评价指标,并逐渐发展为有效产出会计(throughput accounting, TA)。约束理论认为产品卖给顾客实现变现才能称为有效产出,而滞留在系统中的产品都不能称为有效产出。有效产出面向顾客需求,立足企业整体性能,评价系统改进效果。有效产出关注如何最大化利用系统的资源提高产出而不是节约成本,并将企业战略目标与实际运作管理过程进行有机融合,为企业提供具体的运作决策支持,克服了传统生产管理中净利润(net profit, NP)、投资收益率(return of investment, ROI)、现金流(cash flow, CF)等财务指标存在的决策滞延性、强调局部最优化、难以直接指导生产实践等不足。

| 465 | 硬约束 | | 周支立 | 刘振元 |

硬约束(hard constraints)是必须满足的约束条件。

| 466 | 软约束 | | 周支立 | 刘振元 |

软约束(soft constraints)是想要满足的条件,但不是绝对必要的。例如,护士排班可能有一个软约束,护士能够表达他们希望工作时间的偏好。但是,如果这个约束没有完全满足,解决方案仍然是可行的,只是可能会产生某种影响。

| 467 | 确定性搜索 | | 周支立 | 刘振元 |

确定性搜索(deterministic search)是一种搜索方法或算法:给定完全相同的输入和开始条件,它总是返回相同的答案。

468	伯努利生产线	陈剑	王军强

伯努利生产线（Bernoulli production line，BPL）是机器服从伯努利可靠性（Bernoulli reliability，BR）模型的生产线总称。机器可靠性服从伯努利分布表示每个时间段机器工作的概率为 p_i，发生故障的概率为 $1-p_i$，机器的状态在各个时刻相互独立，即机器表现出"无记忆性"。常见的伯努利生产线包括串行伯努利生产线（serial Bernoulli production line，SBPL）、闭环伯努利生产线（closed Bernoulli production line，CBPL）、伯努利机器装配系统（assembly systems with Bernoulli machine，ASBM）等。伯努利生产线适用于机器故障时间接近加工周期时间的情况，在汽车、食品和家具等领域分析与实践中得到了广泛应用。

469	产品组合优化	陈剑	王军强

产品组合优化（product mix optimization，PMO）指在有限的企业制造资源能力下，选择企业所要生产的产品种类及其数量以使企业收益最优。产品组合优化是企业面向既定市场需求、优化企业资源能力利用的规划层决策问题。经典产品组合优化假设企业拥有 m 种制造资源，可用于生产 n 种不同的产品；单位数量产品 i 对资源 j 的消耗为 t_{ij}，资源 j 的能力限制为 β_j，需要在各资源能力限制下确定尽可能满足客户需求的产品生产数量 y_i，使得企业收益最优。产品组合优化问题属于运筹学中的组合优化（combinatorial optimization）问题，是典型的 NP-困难问题。产品组合优化得到产品加工的优先次序和资源的占用以及分配情况，将为企业产品战略调整、资源能力设计、资源能力调整、企业投资分析等提供重要的数据支持和决策依据，产品组合方案直接关系到企业利润、在制品水平、顾客满意度等性能。

470	考虑产品外包的产品组合优化	陈剑	王军强

考虑产品外包的产品组合优化（product mix optimization with outsourcing，PMOO）是指在企业制造资源能力有限的情形下，将自己非核心或非盈利的产品、零部件或工序转包给外部制造单元，通过合理配置内、外资源并确定自制和外包任务种类及其数量以使企业收益最优。从外包任务粒度粗细看，外包可以分为产品外包、零部件外包、工序外包三种类型。从是否提供原材料给外包商看，外包可分为带料外包（外包商包工不包料）和不带料外包（外包商包工包料）两种

类型。其中外包需要支付的外包费用在理论上等同于任务的拒绝费用。考虑产品外包的产品组合优化区别于仅考虑自制决策的传统产品组合优化，实现了自制和外包的集成决策，有助于聚焦企业核心竞争力、控制生产成本、提高顾客满意度。考虑外包的产品组合优化是经典产品组合优化问题的拓展，属于 NP-困难问题。

471	主生产计划		陈剑	王军强

主生产计划（master production schedule，MPS）是企业在综合计划指导下基于独立需求的最终实体产品（或物料）的计划。MPS 详细规定了每个具体产品在每个具体时间段的生产数量，时间段通常以周为单位，也可能是日、旬或月。MPS 的制订需要充分考虑企业生产能力，协调企业运营和市场战略目标，其合理性关系到后续物料需求计划的计算执行效果和准确性。

472	物料需求计划		陈剑	王军强

物料需求计划（material requirements planning，MRP）是一种针对原材料、半成品、零组件等非独立需求物料的计划方法。该方法于 1970 年在美国生产与库存控制协会（American Production and Inventory Control Society，APICS）第 13 次国际会议上由约瑟夫•A.奥立奇（Joseph A. Orlicky）、乔治•W.普罗斯（George W. Plossl）和奥立费•W.怀特（Oliver W. Wight）三人首次提出。MRP 基于主生产计划（master production schedule，MPS）、物料清单（bill of materials，BOM）和库存信息等输入信息，解决采购何种物料、需要多少和何时需要这三个关键问题，确定原材料、外购件等物料采购计划。MRP 主要分为开环 MRP 和闭环 MRP。相对于开环 MRP 不考虑能力限制，闭环 MRP 在此基础上，不但考虑能力需求计划，而且设置内外部响应机制，形成一个计划、执行、反馈的闭环系统。

473	瓶颈识别		陈剑	王军强

瓶颈识别（bottleneck identification，BI）是指识别对系统有效产出影响最大的关键资源。瓶颈识别问题可分为规划层结构瓶颈识别、运作层计划瓶颈识别和执行层执行瓶颈识别。结构瓶颈是系统的固有瓶颈，通常是设备成本高昂、安装空间限制、运行环境特殊要求等原

因造成瓶颈能力不足并经常性影响整体系统性能的机器,它从生产系统设计或者资源配置阶段起就一直存在。计划瓶颈是计划或调度等生产安排造成制造资源上的工作负荷不均衡而产生的瓶颈。不同的生产安排会造成不同的计划瓶颈,因此计划瓶颈区别于结构瓶颈属于人为瓶颈。执行瓶颈是调度方案在具体执行过程中出现的瓶颈,即执行瓶颈与调度方案的执行密切关联。另外,执行瓶颈随着调度方案的调整变动会出现一定程度的转移,形成瓶颈漂移(bottleneck shifting,BS)现象。在生产系统中的不同决策期内面对不同决策任务时,结构瓶颈、计划瓶颈、执行瓶颈可能不尽相同。

474	多属性瓶颈识别	陈剑	王军强

多属性瓶颈识别(multi-attribute bottleneck identification,MABI)是综合评估机器(资源)的多个特征属性进行瓶颈识别的方法。机器的典型特征属性主要分为机器利用率、任务负荷、在制品队列长度等数量类;加工活跃时间、交货期紧急程度等时间类;机器加工费用、工件成本等成本类等类型。多属性瓶颈识别区别于单指标的瓶颈识别方法,是利用不同的特征属性从多维、多角度刻画瓶颈,通过基于逼近理想解的排序方法(technique for order preference by similarity to ideal solution,TOPSIS)等多属性评价方法,综合地判别瓶颈的一种识别方法。从属性值形式看,多属性瓶颈识别可分为确定型多属性瓶颈识别、区间型多属性瓶颈识别等方法。

475	单抓钩周期性调度	周支立	刘振元

单抓钩周期性调度(single hoist cyclic scheduling)可以描述如下。在一条成行排列的,由装载站、卸载站和许多化学处理槽组成的化学处理生产线上,工件逐个进入这条处理线中的装载站,然后,由抓钩逐个运送到每个处理槽中进行化学处理,处理完的工件由抓钩运送到卸载站(或运送回装载站),最后,从卸载站运出。沿这条线移动的工件可能有多个,但是,只允许一个抓钩在处理槽之间运送工件。抓钩从一个处理槽抓取一个工件后,可能需要在处理槽上方停留片刻以滴去残液,然后,把工件放入另一个处理槽后,并移到(空运送)某个处理槽去抓取另一个工件。当一个工件完成了最后一个处理槽的处理后,抓钩把它运送到卸载站(或运送回装载站),在那里,工件从抓钩上卸下。一般情况下,任何给定时间内,系统中的工件数多于一个,并

且,每个工件必须通过相同顺序的处理槽,任何时候不允许两个工件占据同一个处理槽,抓钩一次只能抓取一个工件,工件在处理槽内的处理时间是在一个时间范围内。该问题的目标是极大化生产率(等价于极小化周期长度)。

476	单煤矿生产系统集成调度问题	周支立	刘振元

　　单煤矿生产系统集成调度问题(integrated scheduling problem of single coal mine production system)是原煤仓生产中的调度问题。该生产仅有一个矿井,这个矿井可能包括一台或多台采煤机。煤从上游设备被运送到下游设施(设备或煤仓)需要一定的运输时间。原煤仓和洗煤机、产品仓和装车站在同一地理位置,它们之间的运输时间可以忽略。从矿井采煤中的主运由多条运输皮带构成,因此当结束检修到恢复正常运行需要一定的启动时间。洗煤机可以在不同的原煤仓之间进行煤质的转换。由于物理条件的限制,在同一时刻洗煤机对同一原煤仓进行洗选的数量存在上限。装车站是同质的,并且每列火车装车前的准备时间也相同。装车速率大于任意一个产品仓的最大进入速率。某些情况下由于前一天的装车尚未结束,一些装车站可能在当天调度开始时不可用。集成调度的目标是在调度周期内为每台设备确定检修开始时间,为洗煤机分配原煤仓并且把每辆列车分派到装车站中,使得采煤机检修开始时间的延误、洗煤机转换次数和火车等待时间的加权值最小。

477	协调搬运的出货调度问题	周支立	刘振元

　　协调搬运的出货调度问题(shipment scheduling problem of coordinated handling)是一类物料出库的调度问题。物料出库过程主要由巷道堆垛机作业和穿梭车作业组成。物料必须先由堆垛机搬运至出库输送机,再由穿梭车搬运至出库站,系统是封闭的,若人进入系统,系统不仅会报警,而且会自动停机。另外,系统内的搬运,全部采用自动化控制,堆垛机作业与穿梭车作业协调不当,会造成系统等待,调度目标是尽可能减少穿梭车不必要的等待时间或额外的往复行驶时间(尽快运往出库站)。

478	体系仿真优化问题	邢立宁	向尚

　　体系仿真优化问题(simulation optimization for system of systems)是把优化技术嵌入到体系(system of system,SoS)仿真过程中,在仿

真环境下使输出响应不断地得到改进,实现体系性能优化的问题。仿真优化就是指非枚举地从可能值中找到最佳输入变量值,使得输出结果为满意解或最优解的过程。体系仿真优化研究基于体系仿真的目标优化问题,即基于模型仿真给出的输入输出关系通过优化算法得到最佳输入量。体系仿真优化的目标是在体系仿真试验中获得最多信息的同时,耗费资源最少,使用户可更加容易地进行决策。

479	仿真排序	潘芳	王万良

　　仿真排序(simulation scheduling)是通过对仿真模型的运行收集数据,对实际系统进行性能、状态等方面评估,从而对系统采用合适的控制和排序的方法。单纯运用仿真方法可以包含解析模型无法描述的因素,而且可以观察在不同的参数组合下排序的性能。仿真方法存在着下列问题:一是实际上,仿真具有试算性质,寻优性能取决于仿真参数和结构的调整方法;二是仿真结果的满意度缺乏理论依据;三是仿真的准确性很大程度受编程人员的判断和技巧的限制。因此,单纯研究应用仿真方法求解排序的比较少,而是广泛地将仿真用于认证和评估其他算法的性能。

480	离散事件动态系统	潘芳	王万良

　　离散事件动态系统(discrete event dynamic system)是针对制造系统这类典型离散事件系统建立解析模型,从而求解排序问题的方法。用研究离散事件系统的解析模型和方法可以探讨车间排序问题,诸如排队论、极大极小代数模型、佩特里网等。排序中的排队论方法是一种随机优化方法,很难得到比较具体的细节。佩特里网作为一种图形建模工具,具有很强的建模能力,对于描述系统的不确定性和随机性也具有一定的优越性。

481	排序算法杂合	潘芳	王万良

　　排序算法杂合(combination of scheduling algorithms)是指各种排序算法的组合协同应用。在实际应用排序的过程中,往往存在以下问题:如现有的各种排序算法都不同程度地存在着各种优缺点,或有不同的适用范围;一些理论上的最优化方法虽能提供最优排序,但由于它的计算复杂性,忽略了很多加工现场因素等,与实际应用情景存在较大差距;还有些近似启发式方法等虽然能够在合理的时间内产生比较满意的排序计划,但因为它无法获知精确解析解进行比照,往往

对所得的满意解的次优性不能进行评估。特别地,启发式规则的选择和应用次序对应用效果影响很大;由于实际问题的复杂性,有些算法的适应函数无法完全体现实际问题的目标函数,或者其中有些约束条件无法用数学方法表示,因此当算法收敛到稳定状态时,所得到的解并不一定是问题的可行解。因此,除传统组合的启发式规则外,近来人们开始把各种近似算法进行组合应用,试图达到提升模型和算法的普适性、柔性和优化效率的目的。

组合的方式一般有两种:一是串联式,例如先采用一种算法粗搜,缩小非劣解集的范围,然后采用另一种算法精算;二是嵌入式,以一种算法为总体框架流程,而另一种算法在局部发挥作用。

（十七）晶圆制造

序号	条目	执笔人	校阅人
482	晶圆制造系统	张洁	张朋
	晶圆制造系统（semiconductor manufacturing system）是按照一定模式把晶圆制造过程涉及的各种相互关联、相互作用的有关要素组合而形成的有机整体,其目的是把多层电路印制在硅片或者镓砷化合物晶圆上。晶圆制造系统按组成要素的多少可以划分为设备层、单元层及系统层。设备层主要包括:加工设备、缓冲区、物理搬运设备等,其中加工设备又可以分为单件加工设备和批处理设备。单元层指单件加工设备组、批加工设备组和物料处理设备组,如单件加工设备组由若干台具有相同工艺功能的单件设备组成。系统层由若干设备组构成。晶圆制造系统按功能不同可以划分为加工系统（processing system）和物料运输系统（material handling system）。为避免晶圆在生产环节转运过程中受到灰尘污染,晶圆在制造系统中用晶圆卡来运输。一个晶圆卡中所有的晶圆称为一个 lot,一个 lot 通常包含 25 片晶圆。晶圆产品投料后,同一 lot 的晶圆多次重入系统,依次经过各设备组,最终完成加工任务,退出晶圆制造系统。		
483	自动化物料运输小车调度	张洁	张朋
	自动化物料运输小车调度（scheduling of automated guided vehicle in automated material handling system）是指根据运输请求及		

系统状态对物料运输小车进行调度。它可以分为小车的运输任务指派以及小车的运输路径规划两个子问题。这两者的共同目标是使晶圆 lot 处于物料运输系统中的时间最短，即最小化晶圆 lot 在加工工位之间转移的等待时间和搬运时间。

484	光刻机调度		张洁	张朋

　　光刻机调度（photolithography machines scheduling）是属于带辅助资源约束的单件处理并行机调度问题。在光刻机调度问题中，晶圆随时间动态多次重复访问光刻机，到达光刻机前，晶圆加工信息未知。在光刻机调度问题中，通常考虑最小化平均加工周期、最小化设备负载平衡率等优化目标。光刻机的生产调度问题具有如下特征：晶圆可重入加工，同一光刻工序和不同光刻工序的晶圆同时竞争光刻机；在线调度，由于生产的不确定性，晶圆动态地访问光刻机；设备专用性约束，同一片晶圆的所有关键层的光刻操作需在同一台光刻机上进行；并行加工，每一道光刻工序存在多台光刻机可以用于加工；辅助资源约束，光刻操作只有在光刻机和掩膜版同时可用的情况下才允许加工；设备调整时间，光刻机因为更换加工类型会导致一定的设备调整时间；订单交货期约束，不同晶圆订单的交货期不一样，为提高客户满意度应尽量保证订单准时交付。

485	炉管区调度		张洁	张朋

　　炉管区调度（furnace operation scheduling）属于多批处理并行机调度问题。其中，炉管主要用于氧化（oxidation）、扩散（diffusion）与低压化学气相沉积（low pressure chemical vapor deposition）等热处理过程。炉管区调度问题考虑两个并行批处理机台组（常压栅氧化炉管和低压化学气相沉积炉管）和一个后续加工设备集。其中，两个并行批处理机台组都各自含有功能相同的若干炉管，它所能加工工艺范围也相同。晶圆处于常压栅氧化炉管加工时称为阶段一；处于低压化学气相沉积炉管加工时称为阶段二；处于后续加工设备集时称为阶段三。炉管区调度问题中的主要约束包括重入流、不兼容工艺菜单、不同准备时间以及晶圆动态到达等。

486	自动化物料运输系统		张洁	张朋

　　自动化物料运输系统（automated material handling system）是晶圆制造系统中自动进行物料运输的设施，主要由物料存储仓库

(stocker)、运输导轨(track)和物料运输小车等部分组成。stocker 用于存放晶圆卡;track 用于连接各 stocker 和加工设备,为运输小车提供运行轨道;物料运输小车用于搬运晶圆卡,常用的运输小车包括高空提升搬运小车(overhead hoist transporter,OHT)、高空穿梭车(over head shuttle,OHS)等。晶圆制造系统包含若干个加工区域,如光刻区和蚀刻区等。每个加工区域又可细分为一定数量的工作站或间隔,即 bay。每个 bay 均配有一个 stocker。Bay 内部的物料运输系统称为 intrabay 系统;bay 与 bay 之间的物料运输系统称为 interbay 系统。典型的晶圆自动化物料运输系统布局采用脊柱式的布局方式。它包括一个 interbay 系统和数十个 intrabay 系统。根据 interbay 系统和 intrabay 系统之间是否通过轨道直接相连,晶圆自动化物料运输系统又可分为分离式自动化物料运输系统和整体式自动化物料运输系统。在分离式自动化物料运输系统中,interbay 系统和 intrabay 系统之间通过 stocker 连接,晶圆在 bay 与 bay 之间的搬运需要通过两个 stocker 进行中转;在整体式自动化物料运输系统中,interbay 系统和 intrabay 系统之间通过导轨直接相连,晶圆不必依赖 stocker 的中转来完成,提高了系统的搬送效率。

| 487 | 复杂网络 | 张洁 | 张朋 |

　　复杂网络(complex network)是描述和理解复杂系统的重要研究工具之一。自然界中最常见的复杂网络包括大气流动网络、神经网络、新陈代谢网络、食物链网络、鸟类的群体飞行网络等。一个复杂网络常常可以用一个图 $G(V,E)$ 表示,V 代表网络中节点的集合,E 代表网络中边的集合。如果图中的任意点对 (i,j) 与 (j,i) 对应同一条边,则该网络称为无向网络;否则该网络称为有向网络。如果每条边有对应的权值,则该网络称为加权网络,否则该网络称为无权网络。同时,一个网络中往往还包含多种不同类型的节点,比如,在社会网络中,不同类型的节点表示不同年龄、不同地域或不同研究领域的人。基本的用于刻画复杂网络结构的统计特性的概率包括:平均路径长度、聚类系数和度分布,分别对应着复杂网络的三个主要性质:小世界性、社团结构特性和无标度性。

| 488 | 马尔可夫链 | 张洁 | 张朋 |

　　马尔可夫链(Markov chain)是指数学中具有马尔可夫性质的离

散事件的随机过程。该过程中,在给定当前知识或信息的情况下,过去(即当前以前的历史状态)对于预测将来(即当前以后的未来状态)是无关的。令 $\{X_n, n \geqslant 0\}$ 是有限个可能值或者可数个可能值的随机过程,其可能值的全体记为非负整数集合 $\{0, 1, 2, \cdots\}$。如果 $X_n = i(i = 0, 1, 2, \cdots)$,那么称该过程在时刻 n 处在状态 i。假设只要过程在状态 i,就有一个概率 p_{ij} 使它在下一个时刻处于状态 j,这样的随机过程称为马尔可夫链。对于一个马尔可夫链,在给定过去的若干状态和现在的状态时,将来的状态的条件分布独立于过去的所有状态,且只依赖于现在的状态。

489	仿真模型	张洁	张朋

　　仿真模型(simulation model)是把所有关心的现象分解为一系列基本活动和事件,并按照活动和事件的逻辑关系把它们组合在一起。仿真模型是被仿真对象的相似物或其结构形式。它可以是物理模型或数学模型。仿真模型复现实际系统中发生的本质过程,并通过对系统模型的实验来研究存在的或设计中的系统。这里所指的模型包括物理的和数学的,静态的和动态的,连续的和离散的各种模型。所指的系统也很广泛,包括电气、机械、化工、水力、热力等系统,也包括社会、经济、生态、管理等系统。当所研究的系统造价昂贵、实验的危险性大或需要很长的时间才能了解系统参数变化所引起的后果时,构建仿真模型是一种特别有效的研究手段。

490	运输任务指派	张洁	张朋

　　运输任务指派(transportation task assignment)是指在自动化物料运输系统中为分配晶圆而用于搬运的空中运输(overhead hoist transport,OHT)小车。由于在晶圆制造系统中,晶圆在制品数量众多,为了完成这些晶圆的搬运任务,物料运输系统需要频繁地为 OHT 小车指派搬运任务。小车的运输任务指派是指为小车指派搬运任务,并合理地安排搬运顺序。

491	运输路径规划	张洁	张朋

　　运输路径规划(transportation route planning)是指在自动化物料运输系统中为 OHT 小车规划从转货点到卸货点的路径。在物料运输系统中,运输导轨包括回转盘和运输捷径导轨等,导轨路径复杂。

为了尽可能地减少堵塞和冲突事件的发生，调度系统需对 OHT 小车的运输路径进行合理的规划。小车的运输路径规划是指确定小车从所在位置移动到装货点（缓冲区、工位等）的路径以及从装货点到卸货点的路径，与此同时，要尽可能地避免冲突和锁死，并且该路径对于指派目标是最优的或者近优的。

| 492 | 脊柱式布局 | 张洁 | 张朋 |

　　脊柱式布局（spine layout）是晶圆制造车间自动化物料运输系统的主要布局方式。它包括一个 interbay 物料运输系统（简称 interbay 系统）和数十个 intrabay 物料运输系统（简称 intrabay 系统）。根据 interbay 系统和 intrabay 系统之间是否通过轨道直接相连，晶圆制造车间的自动化物料运输系统又可分为分离式自动化物料运输系统和整体式自动化物料运输系统。在分离式自动化物料运输系统中，interbay 系统和 intrabay 系统之间通过物料存储仓库连接，而在整体式自动化物料运输系统中，interbay 系统和 intrabay 系统之间通过导轨直接相连。

| 493 | 在制品水平 | 张洁 | 张朋 |

　　在制品水平（work in process level，WIP level）是指某一时刻所有已投入生产线但尚未完成最后加工步骤的工件数量。根据各个设备所能加工工艺的不同，一般生产线可以划分为不同的加工区。各个加工区的在制品包括该加工区内所有设备上正在加工的工件和相应的缓冲区内等待加工的工件。对于整个制造系统来说，在制品水平不能太低，也不能太高。如果太低，则会使很多机器处于空闲状态，不能很好地利用资源；如果太高，则会降低生产效率，导致产品的加工周期变长。

| 494 | 加工周期 | 张洁 | 张朋 |

　　加工周期（processing cycle）是指工件从投入生产线到完成所有加工步骤所需要的时间。不同产品的加工周期各不相同。产品在系统中进行加工的时候，总是不可避免地存在等待加工时间，因而产品的实际加工周期往往是其净加工周期的几倍甚至是几十倍。制造系统中产品生产周期时间的长短对产品成本的高低起到了非常重要的

作用,也是企业在市场中保持竞争力的关键因素,因此制造厂会努力降低生产周期时间。在选择不同的日投料计划和调度算法时,显然也希望它能够缩短产品的加工周期。对于加工周期这一指标考虑两个方面:加工周期的平均值和加工周期的方差。

495	排队队长		张洁	张朋

　　排队队长(queue length)是指加工设备前等待加工工件数。对于单件加工的设备,排队队长是设备前所有等待加工的工件数;而对于多批加工的设备,它的排队队长则是排队的工件按一定的算法进行分批后所得到的批次数。

496	设备利用率		张洁	张朋

　　设备利用率(machine utilization)是指设备在开机状态下用于实际加工工件的时间占开机时间的比例。设备利用率反映了系统忙闲情况。半导体晶圆生产属于资本密集型产业,设备投资庞大,运作成本高昂,因而投资者极为重视投资效益,不愿因任何设备闲置而浪费产能,于是不断追求设备的完全利用。同时,设备使用率的提高可以增加产能。

497	生产率		张洁	张朋

　　生产率(throughput rate)是指每天流出生产线的晶圆数。生产率的大小直接反映日投料计划的好坏。生产率的提高是以牺牲周期时间为代价的,即生产率的提高与周期时间的缩短是不可同时获得的。而管理者所追求的设备利用率的提高可以使生产率提升。因此,随着生产率的增加,设备利用率和周期时间将随之增加。对于管理者来说,需要选择一个合适的折中方案使得在生产率和周期时间这两个性能指标间达到最优,即选择最优的负载。

498	移动步数		张洁	张朋

　　移动步数(movement)是指在调度区间内生产线上所有晶圆移动的步数之和。所谓移动也就是生产线上的工件在某台设备上完成一个加工步骤。从物理意义上说,晶圆每移动一步就意味着相应的设备发生一次结束加工的事件。在一定时间内,在制品水平(WIP)在不变

	的情况下,移动的步数越大,则意味着工件等待的时间越短,那么相应的加工周期也会变短,但是这个关系并非线性的,因为半导体生产线上各个加工步骤的加工时间参差不齐,有的甚至相差很大。		
499	移动速率	张洁	张朋
	移动速率(step)是指调度区间内平均每片晶圆移动的步数。它可以由调度区间内的移动步数和生产线上总在制品水平获得。由于在制品水平随着时间的变化而改变,所以这里的在制品水平取调度区间内总在制品水平的平均值。显然,对于相同的调度区间,该值越大,表示调度方案越优。		
500	准时交货率	张洁	张朋
	准时交货率(on-time delivery rate,ODR)是指准时(按时或提前)交货的工件数占完成加工的工件总数的百分比。准时交货率与良率、生产率、加工周期、在制品水平及设备利用率等性能指标都有很直接或间接的关系。准时交货率是衡量调度方案优劣的重要指标。在半导体行业竞争日益加剧的今天,满足客户的交货期要求,提高准时交货率成为半导体厂商争夺客户、巩固和提高市场占有率的战略技术指标,得到了越来越多的重视。		
501	佩特里网	张洁	张朋
	佩特里网(Petri net)是对离散并行系统的数学表示。佩特里网的结构元素包括:库所(place)、变迁(translation)和有向弧(arc)。库所使用圆来标识,用于描述可能的系统局部状态。变迁使用矩形标识,用于描述修改系统状态的事件。有向弧可以从库所节点指向变迁节点,或者从变迁节点指向库所节点。通过有向弧描述库所和变迁之间的联系,等价于自动机中的状态转移函数,表示使事件发生的局部状态(因)或事件发生所引起的局部状态的变化(果)。在佩特里网模型中,系统的动态特性用令牌(token)标识,令牌表示为包含在库所节点中的圆点,它反映库所代表的局部状态实现的动态情况。若某库所包含一个令牌,则表示库所代表的局部状态的一次实现(条件或结果为真);若库所中无令牌,则表示库所代表的局部状态尚未实现(条件或结果为假)。		

（十八）服务系统

序号	条目	执笔人	校阅人
502	服务系统	刘振元	刘士新
	服务系统（service system）是指提供服务的系统。服务不同于制造系统的产品，是一种以顾客作为共同生产者、随时间消逝、无形的过程。服务系统的运营特征是顾客参与服务过程、服务生产，与消费同时发生，服务能力随时间消逝，无形性以及异质性。对服务系统可以从服务的传递过程、服务活动的性质、顾客关系、服务的定制与判断、需求和供给的性质、服务传递方式等维度展开分析。		
503	多技能人员调度	刘振元	刘士新
	人员调度通常需回答两个问题：一是把各项任务在满足约束的条件下进行调度，得到一个可行的调度计划，称为调度问题；另一个是针对每项任务的技能需求，分配能够满足需求的人员集合来执行任务，使每项任务都得到完全的执行，称为分配问题或指派问题。在**多技能人员调度**（multi-skilled workforce scheduling）的情形下，通常考虑人员的多技能属性，即每个人拥有多项技能，在每项技能下拥有不同的技能水平。技能水平通常可以由工龄、工作经验、对技术知识的掌握程度、资格证书、工作头衔等决定。其中，前三个因素影响水平的高低，后两个因素决定技能种类。同时，人员的技能水平和种类往往会影响任务完工的效率、质量、成本以及指派的灵活性等。在人员调度中往往会考虑人员的多技能性、技能水平、学习能力、分配策略等。		
504	多主体系统	刘振元	刘士新
	主体（agent）是一类具有自主性、社会性、适应性和主动性等特性的智能体。很多复杂问题都有多个主体，所涉及的任务和目标一般也不止一个。它们之间既相互独立，又相互影响，多个各自赋予不同任务和目标的主体便组成了**多主体系统**（multi-agent system，MAS）。MAS 的概念与人类社会的概念相近，每个主体都有自己独立的结构、知识库、问题目标和求解策略。主体彼此间有组织性及互动关系，通过一定的协商与合作对事件做出合理的反应。主体本身的求解活动		

和相互之间的协作活动,构成 MAS 的群体活动,从而实现整体的功能或目标。同时,每个主体也在这种交互过程中实现自身的目标。MAS 具有的特性是:每个成员主体可能仅具有解决问题的不完全信息或能力;不存在全局控制;数据是分散的;计算过程可以是异步的、并发的或并行的。

| 505 | 合同网 | | 刘振元 | 刘士新 |

  主体之间的协调是 MAS 研究的核心问题之一。MAS 协调是指具有不同目标的多个主体根据已有的知识和信息完成一些集体活动时,对其资源进行合理规划,调整各自的行为。协调是对环境的适应,一般是因其他主体的行为存在而改变主体自身的行为。MAS 协作是指多个主体通过协调各自的行为,合作实现 MAS 的共同目标,是一种特殊类型的协调。在众多主体协调方法中,**合同网**(contract network)是应用较广泛的一种,最初由斯坦福大学的史密斯(Smith)于 1980 年提出,后来被许多研究者扩充。其思想源自人们在商务过程中管理商品和服务的合同机制,通过引入市场中的"招标—投标—中标"机制,实现任务的动态分配。在合同网方法中,主体分为两种角色:管理者和工作者。当管理主体有任务需要其他主体帮助完成时,就会向其他主体发布任务招标信息;接到招标的主体则检查自身解决该任务的相关能力并评估标书,然后提交投标;最后由管理主体综合评估这些投标,选出最合适的中标者发布中标信息并授予任务。

| 506 | 人员调度与路径优化 | | 刘振元 | 刘冉 |

  人员调度与路径优化(workforce scheduling and routing optimization)出现在一些考虑人员移动的工作场景中,其目标是有效实现在不同的地点执行相关工作。在这种场景下,员工会采用不同的交通模式,比如步行、驾车、公共交通、自行车等。一天中一个人可能会有不止一项任务,例如护理人员要去多个病人的家庭开展健康随访。不同地点的任务数量总和可以大于可分派的人员数量。因此,此类问题是人员调度和车辆路径的综合,其目标通常是减少人员的旅行时间、保证任务能够被有资质的员工执行、减少聘用临时员工的成本、确保合同员工有效利用等。问题中通常考虑的任务特征包括:任务的时间窗、起讫地点、服务时间(和分派的员工有关)、任务间的联系(见任务时序关系)等,通常考虑的人员特征包括人员的技能水平与种类、

交通模式、团队协作（多名人员分配到同一个地点完成同一个任务时需要协作）等，有的情况下也需要考虑员工分派的任务聚集特征，比如每名员工指派一个区域或不能超过一定数量的任务里程。

507	时序关系		刘振元	刘冉

　　任务服务系统中任务间存在 5 种典型的**时序关系**（temporal dependencies）约束。①同时约束，两项任务必须同时开始；②重叠约束，两项任务的服务时间有重叠；③最小差异约束，两项任务的开始时间间隔必须不小于最小时间差异；④最大差异约束，两项任务的开始时间间隔不能超过最大时间差异；⑤最小＋最大差异约束，两项任务的开始时间间隔位于最小时间差异和最大时间差异之间。

508	rollout 算法		刘振元	邢立宁

　　rollout 算法（rollout algorithm，RA）由贝尔塞卡斯（Bertsekas）提出，应用于离散优化问题的求解。该方法求解问题的思路来源于动态规划。RA 通常包括两部分：基本策略（一些启发式方法）以及重复迭代基本策略的 rollout 过程。

　　RA 的原理是：对于最小化问题 $\min\limits_{g}(x_1,x_2,\cdots,x_n)$，$x_1,x_2,\cdots,x_n$ 均为离散变量，且其取值范围为有限值集合。RA 的一般求解步骤可转化为下式的迭代过程：

$$x_k^* \in \underset{x_k}{\operatorname{argmax}} J_k(x_1^*,\cdots,x_{k-1}^*,x_k)$$

其中，$J_k(x_1,\cdots,x_k)=\min\limits_{x_{k+1},\cdots,x_n} g(x_1,\cdots,x_k,x_{k+1},\cdots,x_n)$

　　上述过程为标准动态规划的计算步骤，J_k 称为最优 cost-to-go 函数。在实际应用中，精确计算最优 cost-to-go 函数通常非常困难。因此，RA 允许使用一种启发式方法 $H_k(x_1,\cdots,x_k)$ 替代 J_k 函数，从而获得问题的近似最优解。

509	超体积		刘振元	邢立宁

　　超体积（hyper volume，HV）是帕累托个体解覆盖目标空间的体积。它作为评价多目标算法解集分布性的性能指标被提出。超体积越大，解集的多样性越好，帕累托解空间分布则越广泛。

　　超体积度量了多目标问题的帕累托解集支配的区域大小。考虑含有 m 个自变量、o 个目标函数的多目标函数最大化问题：$\max \boldsymbol{y}=$

$f(\boldsymbol{x})$。其中,$\boldsymbol{x}=(x_1,x_2,\cdots,x_m)\in X\subset\mathbb{R}^m$;$\boldsymbol{y}=(y_1,y_2,\cdots,y_o)\in Y\subset\mathbb{R}^o$。$\boldsymbol{x}$ 为决策变量,X 为决策空间,$\boldsymbol{y}$ 为目标向量,Y 为目标空间。设 A 是非支配解集,则集合 A 的超体积定义如下:

$$HV(A)=\mu\left(\bigcup_{a\in A}\{\boldsymbol{y}\in Y:a_{\text{ref}}<y<a\}\right)$$

其中,μ 为勒贝格(Lebesgue)测度;α_{ref} 为参考点。

510	并行调度方案	刘振元	刘士新

并行调度方案(parallel scheduling schema,PSS)是基于优先规则的调度生成方案(schedule generation schema)中的一类。假设项目由 J 个活动组成,则并行调度方案生成一个调度计划至多需要 J 个步骤。每一步中首先确定当前调度阶段的调度时间,选择已经调度的活动的最早完成时间作为当前阶段的调度时间,这就意味着在这个调度时间之后能够有剩余资源为待调度活动的执行服务。然后从当前可行活动中选择一组可调度的活动进行调度,选择的依据同样是优先规则。许多学者根据并行调度方案的特性开发了一些特殊的优先规则,如资源调度方法(resource scheduling method,RSM)、改进资源调度方法(improved resource scheduling method,IRSM)、最坏自由时差(worst case slack,WCS)、平均自由时差(average case slack,ACS)等。

511	串行调度方案	刘振元	刘士新

串行调度方案(serial scheduling schema,SSS)是基于优先规则的调度生成方案中的一类。假设项目由 J 个活动组成,则串行调度方案执行过程包括 J 个步骤,每个步骤中选择一个活动进行调度,活动的选择依据是某种优先规则,通过优先规则对当前可行活动赋予一定的优先权重。其中使用比较广泛的优先规则是:最高排列位置权重(greatest rank positional weight,GRPW)、最迟结束时间(latest finish time,LFT)、最迟开始时间(latest start time,LST)、最小自由时差(minimum slack,MSLK)、最多紧后活动总数(most total successors,MTS)等。

512	多样性测度	刘振元	邢立宁

多样性测度(diversification metric,DM)是衡量多目标优化方法

所取得的解的多样性的评价指标。定义如下：

$$DM = \sqrt{\sum_i (f_i^{\max} - f_i^{\min}/\alpha_i)^2}$$

其中，$f_i^{\max}$、$f_i^{\min}$ 分别为第 i 个目标的最大值和最小值，α_i 为第 i 个目标的归一化因子。DM 值越大，说明种群目标值分布得越广，种群的多样性越好。

513	分散性测度	刘振元	邢立宁

分散性测度（spacing metric，SM）是衡量多目标优化方法所取得的解的分布均匀性的评价指标。以三目标为例，定义如下：

$$SM = \sqrt{\frac{\sum_{i=1}^{n} (\overline{d'} - d'_i)^2}{n-1}}$$

$$d'_i = \min_j(\,|\,(f_1^j(x) - f_1^i(x))/\alpha_1\,| + |\,(f_2^j(x) - f_2^i(x))/\alpha_2\,| +$$
$$|\,(f_3^j(x) - f_3^i(x))/\alpha_3\,|)$$

其中，$f_l^j(x)$ 为解 j 的第 l 个目标函数值，α_l 为第 l 个目标的归一化因子，d'_i 是解 i 在解空间距离其他个体欧氏距离的最小值，$\overline{d'}$ 是 d'_i 的均值，n 是非支配解的数量。SM 反映了种群在解空间分布的均匀性。

（十九）物流配送

序号	条目	执笔人	校阅人
514	悲观准则	张富	马卫民

悲观准则（pessimistic principle）也称为"小中取大准则""瓦尔德准则"和"保守决策准则"，是一种决策方法。其基本思想是假定决策者从每一个决策方案可能出现的最差结果出发，且最佳选择是在最不利的结果中选择最有利的结果。其决策步骤为：①求出每个方案在各种自然状态下的最小效益值；②求各最小效益值的最大值；③最大值对应的行动方案即为所求。

515	乐观准则		张富	马卫民

　　乐观准则（optimistic criterion）也称为"大中取大准则"或"最大最大准则"（max-max 准则），是指找出每种决策的最好结果，再从最好结果中找一个最好的作为决策的一种决策准则。其基本思想是假定决策者对未来的结果持乐观的态度，总是假设出现了对自己最有利的状态，且最佳选择是在最有利的结果中选择最有利的结果。其决策步骤为：①求出每个方案在各种自然状态下的最大效益值；②求各最大效益值的最大值；③最大值对应的行动方案即为所求。

516	确定型决策		张富	马卫民

　　确定型决策（determine decision）是指任意策略下对应结果完全确定，决策者可以直接根据完全确定的情况选择最满意的策略的决策。构成一个确定型决策问题必须具备以下 4 个条件：存在一个明确的决策目标；存在一个明确的自然状态；存在可供决策者选择的多个行动方案；可求得各方案在确定状态下的损益值。

517	不确定型决策		张富	马卫民

　　不确定型决策（uncertainty decision-making）是指在无法估计系统行动方案所处状态概率的情况下进行的决策。不确定型决策的基本方法是先用效用值表示各种可能的后果，构造一张支付表，再用一定的评价准则来评定各个方案的优劣，从而选出最优方案。若有 n 种行动方案（$a_1, a_2, \cdots, a_n$）可供选择，可能出现 m 个状态（$\theta_1, \theta_2, \cdots, \theta_m$），方案 a_i 在状态 θ_j 所出现的后果用效用值表示，记作 $C_{ij} = C(a_i, \theta_j)$，即可得出构造矩阵表（或称支付表）。根据支付表可用不同准则评价方案的优劣，从而选出最优行动方案（或称最优策略）。常用的准则有拉普拉斯准则、瓦尔德准则、赫维兹准则、混合准则和萨沃格准则。

518	风险型决策		张富	马卫民

　　风险型决策（risk decision）也称为"统计型决策"或"随机型决策"，是指面临至少两个发生概率为已知的随机自然状态、至少有两个可供选择的行动方案，且已知损益矩阵的决策。风险型决策通常具备如下条件：决策者具有一个希望达到的明确目标，收益较大或损失较

小；存在两个以上的行动方案可供决策者选择；存在两个或两个以上的不以决策者主观意志为转移的自然状态；不同的行动方案在不同自然状态下的损益值可以计算出来；最后，在几种不同的自然状态中，未来究竟会出现哪种自然状态，决策者不能肯定，但是各种自然状态出现的可能性，决策者可以估计或计算出来。

519	不确定性	张富	马卫民

不确定性(uncertainty)是指行为者在事先不能准确地知道自己的某种决策的结果，或者说只要行为者的一种决策的可能结果不止一种，就会产生不确定。

520	稠密匹配算法	张富	马卫民

稠密匹配算法(dense matching algorithm)又称为稠密算法，是指对于一个有限的场景深度，视差范围是一个有限集合的情况下，在所有像素的所有视差中(根据某些准则)寻找一个最优配置的算法。

521	费用函数	张富	马卫民

在统计学、统计决策理论和经济学中**费用函数**(cost function)，即损失函数，是指一种把一个事件(在一个样本空间中的一个元素)映射到一个表达与其事件相关的经济成本或机会成本的实数上的一种函数。更通俗地说，在统计学中损失函数是一种衡量损失和错误(这种损失与"错误地"估计有关，如费用或者设备的损失)程度的函数。

522	复位策略	张富	马卫民

复位策略(reset strategy)是指运输车辆在每次遇到堵塞点后，先回到起始点，然后重新选择在此情况下的最优路径。

523	概率分布	张富	马卫民

概率分布(probability distribution)是指用于表述随机变量取值的概率规律。事件的概率表示了一次试验中某一个结果发生的可能性大小 。若要全面了解试验，则必须知道试验的全部可能结果及各种可能结果发生的概率，即随机试验的概率分布。如果试验结果用变量 X 的取值来表示，则随机试验的概率分布就是随机变量的概率分布，即随机变量的可能取值及取得对应值的概率。根据随机变量所属类型的不同，概率分布取不同的表现形式。

524	工作函数		张富	马卫民
	工作函数(work function)是给定一个度量空间 M 和一个初始状态 A_0，对于任何包含在 M 中的 k 个顶点的状态 X 和任一服务需求序列 $L=(r_1,r_2,\cdots,r_m)=(\{a_1,b_1\},\{a_2,b_2\},\cdots,\{a_m,b_m\})$，如果以 $w_i(X)$ 表示 $L^i=(r_1,r_2,\cdots,r_i)(i\leqslant m)$ 的，开始于初始状态 A_0 并结束于状态 X 的最优（最小）费用，那么我们把此定义在 i 时刻的所有状态的集合上的非负实函数称为完成子服务需求序列 L^i 后的工作函数。			
525	深度在线		张富	马卫民
	深度在线(deep online)是指决策时依据的信息连当下时刻或者当下部位的信息都不具备，只具有上一时刻前，或者当下部位之前的信息。			
526	折中准则		张富	马卫民
	折中准则也叫作赫尔威斯准则(Harwicz decision criterion)，是指在决策中既不乐观冒险，也不悲观保守，而是选择折中平衡。通常用一个系数 a（称为折中系数）来表示折中程度，并规定 $0\leqslant a\leqslant 1$，用以下算式计算结果：用每个决策方案在各个自然状态下的最大效益值乘以折中系数 a，与最小效益值乘以 $1-a$，进行比较，从中选择最大值。			
527	最小后悔值法		张富	马卫民
	最小后悔值法(the smallest regret value method)是一种根据机会成本进行决策的方法。首先计算各方案在各自然状态下的后悔值，并找出各方案的最大后悔值，然后进行比较，再选择最大后悔值最小的方案作为选择方案的一种决策方法。			

（二十）公共交通

序号	条目	执笔人	校阅人
528	公共交通	沈吟东	陈仕军
	公共交通(public transit 或者 public transport 或者 public transportation)是指所有向大众开放并提供运输服务的交通方式。		

	公共交通是人们日常出行的主要方式,包括航空、铁路、水运、公路等交通方式。狭义的公共交通主要是指城市范围内定线运营的公共(电)汽车、轨道交通、轮渡、索道等交通方式。		
529	城市轨道交通	沈吟东	陈仕军
	城市轨道交通(urban rail transit)是指采用轨道结构进行承重和导向的车辆运输系统。城市轨道交通包括地铁系统、轻轨系统、单轨系统、有轨电车、磁浮系统、自动导向轨道系统和市域快速轨道系统等。		
530	公共交通调度	沈吟东	陈仕军
	公共交通调度(public transit scheduling)是对公共交通企业运营资源进行优化配置,属于运筹学领域的排序与调度问题;是对有限的资源,如车辆(公交车、电车、地铁、铁路机车和动车等)和人员(包括驾驶员、公交售票员和铁路乘务员等),加以合理运用和优化配置,完成给定的运营服务任务;要求满足可操作性、时空限制、劳动法规等多种约束,并且达到资源利用率最大化的目标。公共交通调度问题由于其极度复杂性,一般被分解为 3 个子问题顺序求解:车辆调度问题、驾驶员调度问题和驾驶员轮班问题。		
531	公交时刻表	沈吟东	陈仕军
	公交时刻表(public transit timetable)是指公共交通车辆在运营线路各站点的到达时间和出发时间的表格。从公共交通运营研究的角度,一个时刻表经常被定义为一组单程(trip)的集合。编制时刻表(timetabling)是指依据前期客流需求分析,为公共交通线路上的每个站点确定到站与离站时间,并确保所有相关的安全约束。依据不同的使用方式(如手头翻阅或张贴公告)和不同的使用对象[如乘客或旅客(passenger)、驾驶员(driver)或调度员(scheduler)等],时刻表可以有不同的形式。		
532	公交集成调度	沈吟东	陈仕军
	公交集成调度(integrated vehicle and crew scheduling)是指同时安排一组车辆和一组驾驶员来完成全部的单程任务,即形成一个优化的车辆和驾驶员调度方案。其目标是采用最少的车辆数、最少的驾驶员数、最小的车辆空驶成本和最小的驾驶员工时成本等,并且满足一系列复杂多样的约束。具有普遍性的主要约束包括:任意单程任务都		

由且仅由一台车辆来完成；任意车辆在完成任务时都由且仅由一位驾驶员来驾驶；车辆一天的工作要从车场出发，执行完一串连续的单程后再回到车场；驾驶员的换班只能在换班机会点（relief opportunity）完成；所有的驾驶班次都要满足国家与企业规定的一系列劳动法规约束（如最长连续工作时间、最短休息时间、一天的最长工作时间，以及用餐时长与时段等）。

| 533 | 车辆调度 | | 沈吟东 | 陈仕军 |

　　车辆调度（vehicle scheduling）是安排一组车辆（vehicle）去完成时刻表（timetable）中的全部单程任务，要求满足下面一系列约束：所有的单程任务都由且仅由一台车辆来完成；车辆一天的工作要从车场（depot）出发，执行完一串连续的单程后再回到车场；一辆车的两个连续单程必须具有兼容性，即满足时空可行性。车辆调度的目标一般是最小化车辆数和最小化运营成本。这两个目标有时相互冲突。

| 534 | 驾驶员 | | 沈吟东 | 陈仕军 |

　　驾驶员（driver 或者 crew）广义上是对司机、公交售票员、机车乘务员和列车乘务员等的总称，属于公共交通运营企业中重要的人力资源。

| 535 | 驾驶员调度 | | 沈吟东 | 陈仕军 |

　　驾驶员调度（driver scheduling 或者 crew scheduling）是切分预先编制好的车辆调度方案，在一系列劳动法规约束下，生成一组可执行的有效班次（shift）。这组班次要求能够覆盖车辆调度方案中包含的全部小驾驶段，目标是采用最少的班次数和最小的工时成本。这种切分存在大量的组合可能性，潜在的有效班次可能多达天文数字。因此，该问题可以被视为一个大规模的集合切分或覆盖问题，属于世界公认的 NP-困难组合优化问题。

| 536 | 驾驶员轮班 | | 沈吟东 | 陈仕军 |

　　驾驶员轮班（driver rostering 或者 crew rostering）是对每个驾驶员做出中期或长期的驾驶工作安排，即安排一个周期（如一周或一月）内驾驶员的轮班或轮休方案（rota）。

| 537 | 站间运营时间 | | 沈吟东 | 陈仕军 |

　　站间运营时间（segment running time）是指公共交通车辆在运营线路上的两个相邻站点之间的运营时间。

538	站点	沈吟东	陈仕军
	站点(point)是指为上下乘客而设置的经停站或经停点,包括公共交通运营线路(route)的首末站(terminal)和中间站(intermediate stop)。		
539	车场	沈吟东	陈仕军
	车场(depot)是指公共交通车辆在非运营时段驻车(特别是过夜)的地点,有时也是集中保养和修理车辆的场所。车辆从车场出发,完成既定的运营任务后,返回车场。通常把驾驶员签到和签退的地点也称为"车场"。实际中,车场与首末站可能是同一地点,也可能不是。		
540	单程	沈吟东	陈仕军
	单程(trip)是指在一条线路的首末站之间的一趟车辆运营任务,由一个出发时间、出发地点和一个到达时间、到达地点构成。完成一趟单程的车辆运营时间被定义为"单程时间"(trip time)。单程时间由一系列站间运营时间(segment running time)和中间站点的停站时间(dwell time)组成。		
541	空驶	沈吟东	陈仕军
	空驶(deadhead 或者 deadrun)是公共交通车辆在运营期间不提供载客服务的行驶,包括在车场与首末站之间,以及在不同首末站之间不载客的行驶。		
542	车次链	沈吟东	陈仕军
	车次链(block)是指一台车辆从车场出发,执行完一系列单程后,再返回车场的全部运营工作。		
543	车辆调度方案	沈吟东	陈仕军
	车辆调度方案(vehicle schedule)是车辆调度问题(vehicle scheduling problem)的一个解。一个可行的调度方案是由一组能够覆盖全部单程任务的车次链(block)组成的。		
544	车辆运营任务	沈吟东	陈仕军
	车辆运营任务(task)是指由预先编制的车辆调度方案所确定的一日车辆运营工作,是由一组"车次链"组成的。		

545	驾驶员调度方案		沈吟东	陈仕军
	驾驶员调度方案(driver schedule)是驾驶员调度问题(driver scheduling problem)的一个解。一个可行的调度方案是由一组能够覆盖全部小驾驶段运营任务的有效班次(valid shift)组成的。			
546	换班机会		沈吟东	陈仕军
	换班机会(relief opportunity)是由一个"换班地点"(relief point)以及运营车辆经过该换班地点的时间(称为"换班时间",relief time)所组成的一个"换班时间和换班地点"对。在任意一个"换班机会",驾驶员都可以(但不一定)进行交接班。			
547	小驾驶段		沈吟东	陈仕军
	小驾驶段(piece)是指两个相邻的"换班机会"之间的一段连续驾驶工作,期间驾驶员不允许换班。			
548	连续驾驶段		沈吟东	陈仕军
	连续驾驶段(spell)由一个或多个相邻的小驾驶段组成。期间驾驶员连续工作、不换班。通常有最长时间限制,以避免因长时间连续驾驶而造成的疲劳和安全隐患。			
549	签到		沈吟东	陈仕军
	签到(sign on)是指公共交通驾驶员在开始一天工作之前例行的登记行为,用于记录驾驶员的出勤时间和地点。驾驶员的签到地点是事先指定的地点,可以是车场或站点,也可以是在车场和站点附近的其他指定位置。			
550	签退		沈吟东	陈仕军
	签退(sign off)是指公共交通驾驶员在结束一天工作后例行的登记行为。签退与签到一起可以用于记录驾驶员的出勤情况和工时等。驾驶员的签退地点是事先指定的地点,可以是车场或站点,也可以是在车场和站点附近的其他指定位置。			
551	班次		沈吟东	陈仕军
	班次(shift 或者 duty)是指一位驾驶员一天的驾驶工作,通常包括签到和签退,以及之间的一个或多个"连续驾驶段"。可执行的有效			

	班次需要满足休息时间、用餐时间、工作时长等多种劳动法规约束（labor agreement rule）。		
552	班型	沈吟东	陈仕军
	班型（shift type）是指班次的类型。一般分为多种类型，由企业自行确定。同一企业，甚至同一车队也可能同时采用多种班型。综观中外公共交通驾驶员调度问题，虽然其各种班型的具体规定不同，但大体上可以被归纳为三大类：分段班（又称大单班）、整班和单班。		
553	分段班	沈吟东	陈仕军
	分段班（split shift）又称为大单班，是指从签到至签退的时间跨度较长，如 12 小时；并且，在中途有着较长的休息时间，如 2～5 小时。在这段休息时间内驾驶员处于非上班状态，可以自由支配时间。大单班的工作时间处于早晚高峰时段。		
554	整班	沈吟东	陈仕军
	整班（straight shift）是指时间跨度介于分段班和单班之间的一种班型。可以进一步细分为早班、白班、晚班。大部分整班中途含有一个短暂的用餐时间，还有些整班可能含有多个短暂的中途用餐或休息时间。		
555	单班	沈吟东	陈仕军
	单班（single-spell shift）是指从签到至签退的时间跨度较短，如不超过 4 小时或 5 小时，并且中途没有用餐或休息时间的一类班型。		
556	多属性决策	羊英	宋福根
	多属性决策（multi-attribute decision making，MADM）也称为有限方案多目标决策，是指在考虑多个属性的情况下，选择最优备选方案或进行方案排序的决策问题。它是现代决策科学的一个重要组成部分。它的理论和方法在工程、技术、经济、管理和军事等诸多领域中都有广泛的应用。多属性决策主要解决的问题是评估及选择两个方面。		
557	班次评价	沈吟东	陈仕军
	班次评价（shift evaluation）是对一个班次的有效性进行评定。其往往受制于多个属性，可视为多属性决策问题，可用于指导参数配置，以及指导班次的选择。现有的多属性决策班次评价方法包括模糊		

	班次评价方法和灰关联分析班次评价方法等。班次评价至关重要。它是很多驾驶员调度方法的基础,在一定程度上影响着算法的效率。		
558	劳动法规	沈吟东	陈仕军
	劳动法规(labor agreement rules)是调整劳动关系以及与劳动关系有密切联系的其他社会关系的法律规范的总称。主要由国家和企业制定。各国各企业的劳动法规的表现形式不同,但大都包括以下基本内容:劳动就业法、劳动合同法、工作时间和休息时间制度、劳动报酬等。在公交调度中,所有的驾驶班次都要满足国家与企业规定的一系列劳动法规约束(包括最长连续工作时间、最短休息时间、一天的最长工作时间,以及用餐时长与时段等)。如:一天的总工时不许超过 8 小时,有效工时不许超过 7 小时 30 分钟,大单班的签退不允许晚于 22 点,等等。		
559	合法班次	沈吟东	陈仕军
	合法班次(legal shift)是满足全部相关劳动法规约束的班次,也称为"有效班次"(valid shift)。		
560	无效班次	沈吟东	陈仕军
	无效班次(invalid shift)是指没有足够时间连接两个相邻的连续驾驶段或者与某些劳动法规冲突的班次。		
561	中式用餐约束	沈吟东	陈仕军
	中式用餐约束(Chinese mealbreak constraint)是指中国式的驾驶员用餐规则。在中国公交驾驶员用餐一般规定在传统的午餐或晚餐时间范围内进行,通常在驾驶员用餐时车辆停止运营,等待驾驶员用餐完毕后再投入运营。		
562	用餐链	沈吟东	陈仕军
	用餐链(mealbreak chain)是指驾驶员用餐时车辆不停止运营,而是由驾驶员之间通过交接班来完成用餐。通常欧美国家会采用这种用餐规则。		
563	公交运营成本	沈吟东	陈仕军
	公交运营成本(public transit operating cost)是指公交为完成旅客运输所消耗的以货币形式表现的所有费用支出,包括职工工资及福		

	利、材料、燃油、折旧等其他费用。一定时期的运营支出就是这个时期的运营总成本。单位运输产品所分摊的运营支出即单位运营成本。		
564	资源约束最短路	陈仕军	沈吟东
	资源约束最短路（resource constrained shortest path）是考虑满足多种资源约束的最短路径问题。其中，从起始点出发的每条路径（或部分路径）都会消耗一定的资源数量，且每条可行路径（或部分路径）所耗费不同种类的资源累计量不能超过该类资源所给定的最大可用资源总量。资源约束最短路问题是 NP-困难问题，通常用于基于列生成技术求解的车辆路径或公交驾驶员调度等问题中。		

（二十一）医院运营管理

序号	条目	执笔人	校阅人
565	门诊服务	唐加福	姜博文
	门诊服务（outpatient service）是整个医院诊疗服务的第一环节，一般为初诊、初症或者病情较轻患者进行诊疗服务，医生按照医院规定的排班顺序，在自己的班次出诊。门诊服务是医院医疗服务的重要组成部分，它的性能将直接影响医院的服务质量。		
566	门诊医疗资源	唐加福	姜博文
	门诊医疗资源（outpatient resources）是指门诊中涉及的医疗资源，主要是医生的人力资源或是医生在一个周期内的号源（capacity），辅助的医用检查设备、医疗器械，医生出诊室、患者及家属候诊室，配合医生的护士、保安或清洁人员等。这些是医疗服务行业优化中的重要部分，也是门诊资源优化与调度中的重点研究对象。		
567	诊疗能力	唐加福	姜博文
	诊疗能力（capacity）是指门诊中的号源。一般指医生在一个诊疗周期内能够服务的患者数量，每单位诊疗能力能够相应服务一位患者。诊疗能力是一项重要的门诊医疗资源，直接关系到患者就诊需求的匹配与满足情况，影响着患者的满意度和就医体验。		

| 568 | 患者爽约 | 唐加福 | 姜博文 |

　　患者爽约(patient no-show)是指已经预约的患者,在没有告知门诊方面取消预约的情况下,无故缺席自己的预约时段。爽约现象严重干扰到门诊已有的预约调度计划,造成服务时段的工作空缺,医护人员的空闲和医疗设备的闲置;此外,爽约相当于减少了本来就紧缺的门诊诊疗资源,加重了供不应求的紧张关系。

| 569 | 患者需求量 | 唐加福 | 姜博文 |

　　患者需求量(patient demand)是指有门诊就诊意愿的患者数量。理论上,患者的需求量可以是 0 到无穷的任何正整数。一般来讲,医院门诊保障辖区内的大量民众,而民众患病并到医院就诊是一个小概率事件。这与泊松(Poisson)分布的描述相同,即每个诊疗周期内患者的需求数量服从泊松分布。这样不同患者需求数量的概率可以按照泊松分布的公式计算,从事件发生概率大小的角度调整医院资源的分布与配置。医院管理部门还可以基于大量的历史数据,运用预测技术对新一诊疗周期的门诊数量予以估计。

| 570 | 患者偏好 | 唐加福 | 姜博文 |

　　患者偏好(patient preference)是指在预约过程中患者可选择的项目,包括医生、预约时段。可以通过引入偏好矩阵等方式描述患者对于医生和时段的偏好。适合于满足患者偏好的方式可以促使患者通过预约进行挂号,便于门诊预约服务的开展,提高患者满意度。但引入患者偏好后,从建模和求解的角度看,一些模型较难求得解析解。

| 571 | 患者优先级 | 唐加福 | 姜博文 |

　　患者优先级(patient priority)是指不同类型患者诊疗的先后顺序。一般涉及公平性(fairness)问题。比如通过不同方式进行预约的患者涉及优先级问题;再如,患者未在规定的预约时间到达,只是"过号"而未爽约,对于过号患者如何插入队列,或者说按何种服务规则对待过号患者,也涉及优先级问题。

| 572 | 复诊 | 唐加福 | 姜博文 |

　　复诊(re-appointment)是指需要再次就诊的现象。复诊预约是众多预约方式的一种,是第一次问诊结束后医生直接为患者进行下次预

约。有时复诊也是指同一次诊疗中,患者做完检查、化验后回到门诊医生处继续接受诊疗的情况。

| 573 | 门诊预约系统 | 唐加福 | 姜博文 |

　　门诊预约系统(outpatient appointment system)是指在不确定的门诊环境下,由医生和患者作为参与对象所组成的服务系统。预约系统的显著特点是患者按照医护人员指定的时间到达医院,即输入过程是受服务台控制的。

| 574 | 门诊预约优化 | 唐加福 | 姜博文 |

　　门诊预约优化(outpatient appointment optimization)本质上是一类不确定条件下的资源分配问题。它需要考虑患者与医院双方的利益,通过决策调度方案以便在某种既定的性能指标上使系统达到最优化,系统性能指标函数可以是时间,也可以是费用或收入,或者是若干指标的线性、非线性加权和。

| 575 | 门诊排队系统 | 唐加福 | 姜博文 |

　　门诊排队系统(outpatient queuing system)是以医院门诊为应用场景的排队系统。研究主要包括 3 个方面:①排队系统的性态问题,研究系统性能指标的概率分布规律,瞬时性质和统计平衡下的性质,主要包括系统队长、患者等待时间和逗留时间、医生忙期等概率分布;②排队系统的统计推断问题,用数理统计方法推断所观察排队系统的概率规律;③排队系统的最优化问题,包括门诊系统的最优设计和已有系统的最优运行控制。

| 576 | 预约时间 | 唐加福 | 姜博文 |

　　预约时间(appointment time)是指预约调度问题中,门诊在每位患者预约时通过调度优化决策,告知患者的具体到达时间,患者按照个人被通知的时间就诊。这样做的目的是使得不可控、难以预测的到达过程更加平缓、有序和可控。最简单的情况是所有患者都按预约时间逐个准时到达。

| 577 | 预约时间间隔 | 唐加福 | 姜博文 |

　　预约时间间隔(appointment interval)是顺序相邻的两位患者的预约时间之差。预约调度问题中,门诊会在每位患者预约时告知患者

的具体预约时间,患者按照个人被通知的预约时间到达门诊。预约调度问题(appointment scheduling)可以按照"固定预约时间间隔"和"可变预约时间间隔"两种调度类型进行划分。

578	门诊环境因素	唐加福	姜博文

门诊环境因素(outpatient environment factor)是指在门诊预约系统设计过程中考虑的要素,不同的环境因素对应着不同的预约场景。常用的环境因素包括预约流程中环节数、科室内医生数量、开诊周期内预约患者数、患者到达过程中的不确定因素、患者就诊时间不确定性、患者和医生偏好、医生迟到或临时停诊、预约排队规则等。

579	患者不守时行为	唐加福	姜博文

患者不守时行为(patient unpunctuality)是指患者的实际到达时间和预约时间不一致,患者没有按照预约时间而不守时到达。患者的实际到达时间既可能早于预约时间,也可能晚于预约时间,即分别对应患者的早到和迟到现象。患者的不守时时间可以被描述为实际到达时间和预约时间的差值,以正负值表示患者具体的不守时情况。若为负数,表示患者早到;若为正数,表示患者迟到。以绝对值表示患者与预约时间偏差的不守时时间长度。

580	临时到达患者	唐加福	姜博文

临时到达患者(walk-in patient)是指没有提前预约的患者临时到达医院门诊,并加入候诊队列要求就医。这如同爽约行为一样打乱了原有的调度方案。预约系统对于临时到达患者可能的数量和到达时间完全未知,不在预约系统原有的调度安排中,无法调度临时到达患者,需要基于历史数据建立预测模型,或为临时到达患者预留一些诊疗能力和时段,以此降低临时到达患者造成的影响。

581	服务时间	唐加福	姜博文

患者接受诊疗**服务时间**(service time)是指医生问诊单个患者时间的总和,包括问诊、检查、开处方、填写病历等。服务时间是不确定的,属于门诊预约系统中主要的不确定因素,一般假设服务时间具有时间齐次性(time-homogeneity)且独立同分布。在预约调度的文献中使用多种分布函数来刻画患者问诊过程,如指数分布、均匀分布、对数正态分布、伽马分布、埃尔朗分布等。

582	预约调度规则	唐加福	姜博文

预约调度规则（appointment scheduling rule）由三元变量（n_i, n_1, a_i）来描述，其中 n_i 是第 i 个时段预约的患者数量，n_1 是首个时段预约的患者数量，a_i 是预约顺序相邻的两位患者的预约时间间隔。三元变量（n_i, n_1, a_i）的任何一种组合代表着一种门诊预约系统的调度规则。每个时段可以预约一位或多位患者；各时段预约患者数可以相等也可以不等；预约时间间隔可以相同也可以不同。

583	批量	唐加福	姜博文

批量（block）是每个时段门诊预约的患者数量，可以划分为单批量规则和多批量规则。单批量规则相当于只为患者指派了就诊日期而没有明确的预约时间，其优点是在管理上比较简单，而且保证医生不会出现空闲时间。多批量规则表示每批预约多个患者，但患者数不等，这类规则的核心问题是如何确定最优批量。

584	患者等待时间	唐加福	姜博文

患者等待时间（patient waiting time）通常是指患者开始就诊时间减去预约时间和实际到达时间中较大者的差值。患者提前到达导致的候诊时间一般被视为患者自愿的等待，不是预约系统造成的延迟，因此不包括在内。患者候诊时间多数情况下作为评价指标，有时也可以作为约束条件。

585	预约公平性	唐加福	姜博文

预约公平性（appointment fairness）是指所有患者在就诊过程中的候诊时间和问诊服务质量的一致性。在定长服务时间的系统中，每个患者的服务时间是固定的常数，但排队拥挤的传递性造成安排在开诊周期后期的患者很可能由前期患者积压造成更长时间的候诊。

586	穹顶型调度策略	唐加福	姜博文

穹顶型调度策略（dome scheduling strategy）指患者间的预约时间间隔在开始阶段较小，接着逐渐增加并保持稳定，到末尾阶段又逐渐下降的调度策略。把预约时间间隔以柱状图表示，总体上呈穹顶形状。这种策略表示的现实含义是在开诊阶段，门诊较为密集地预约患者，减少患者爽约的负面累积影响；在诊疗周期的中间阶段，门诊则较

	为分散且间隔固定地预约患者,减少患者的等待时间;在后期,门诊再次密集地预约患者,这样医生便可较早知晓患者是否爽约,从而减少医生的空闲和加班时间。		
587	开放式预约系统	唐加福	姜博文
	开放式预约系统(open-access appointment system)是指接受患者在开诊当日进行预约的门诊预约系统,患者通常被安排在当日或次日就诊。相比于经典预约系统,开放式预约系统的间接候诊时间(indirect waiting)较短,患者爽约概率较低;但每天服务的患者数量随机,医生需要诊疗完所有患者后才能下班。当天预约便就诊的患者被称为当天患者(same-day patient)。		
588	超额预约	唐加福	姜博文
	超额预约(overbooking)是指在同一时间点或者同一时段适当地安排多位患者,这样可以减少医疗资源出现空闲的可能性。不过,这样安排的弊端就是一旦多位患者同时出现,那么患者的等待时间将会相应增加。在门诊收益管理问题中,超额预约是一种较为有效的策略,能够降低患者爽约对门诊预约系统的负面影响。		
589	联合能力计划与调度问题	唐加福	姜博文
	联合能力计划与调度问题(joint capacity planning and scheduling problem)是指面向把诊疗周期内划分为多个固定时段的门诊预约系统,同时决策每个周期的总诊疗能力数量和每个时段的患者预约调度方案的优化问题。该问题的研究方法主要分为两类:基于环境参数与历史数据的静态方法和针对随机到达患者序列的动态方法。		
590	加号	唐加福	姜博文
	加号(capacity-addition)是指在完成当天全部额定号源的基础上,医生为了满足患者的就诊需求而增加的额外号源。加号策略即为允许医生增加额外号源的策略。策略中一般包含医生如何增加号源、以何种方式加号、最多能增加多少号源的相关决策。		
591	不守时时间窗	唐加福	姜博文
	不守时时间窗(unpunctuality time window)是指患者不守时变量的有界支撑集。具体而言,是以预约时间作为原点,分别向前和向		

后延出一段时间作为集合。患者要么爽约、要么在不守时时间窗内到达。门诊不会允许无限制的不守时现象。在不守时时间窗下,门诊同时保留了预约服务的先进性,并放开了对患者完全守时到达的限制。

592	患者乱序到达	唐加福	姜博文

患者乱序到达(out-of-order arrival)表示患者的实际到达顺序和预约顺序不一致,即第 $k+1$ 位(后序)患者早于第 k 位(前序)患者到达门诊。如果两位患者的不守时时间窗相交,且第 $k+1$ 位(后序)患者到达时处于第 k 位(前序)患者的不守时时间窗内,医生按照预约顺序服务。

593	序列预约调度	唐加福	姜博文

序列预约调度(sequential scheduling)是一种交互式的预约调度方法。医护人员对前来就诊的一系列逐个到达的预约请求,确定是否接受预约。若接受预约,需要决策出指派给该患者的调度时段。在决策过程中,同时考虑患者的偏好和医院的收益,患者也可以根据自己的情况接受或拒绝医院的安排。

594	取消预约	唐加福	姜博文

取消预约(appointment cancellation)是患者在预约成功后,因故无法前往医院门诊就诊,在开诊前患者及时通知门诊的行为。取消预约时,患者往往需要拨打电话或登录网络预约平台取消先前预约。与患者爽约相比,患者取消预约提前通知门诊,门诊可把该诊疗能力重新预约给其他患者,减少了医疗资源浪费,但其同样为门诊预约系统带来较大程度的不确定性。

595	医院运营管理	羊英	钟力炜

医院运营管理(hospital operations management)是以全面预算管理和业务流程管理为核心,以全成本管理和绩效管理为工具,对医院内部运营各环节的设计、计划、组织、实施、控制和评价等管理活动的总称,是对医院人、财、物、技术等核心资源进行科学配置、精细管理和有效使用的一系列管理手段和方法。

596	医疗服务管理	羊英	钟力炜

医疗服务管理(medical service management)是指对医院医疗活

	动全过程进行的组织、计划、协调和控制,使之经常处于应有状态,并对变化了的客观环境有较强的适应性,达到最佳医疗效率和医疗效果的目的。		
597	医院质量管理	羊英	钟力炜
	医院质量管理(hospital quality management)是通过专门的组织、制订质量计划、在系统内开展连续的医疗服务改善活动。不仅要医疗技术服务达到及时、安全、有效、适宜、连贯,还要医护人员有医德医风、服务态度亲切、对患者合法权益保护和尊重、合理控制治疗费用,使医疗服务的质量尽可能满足患者的期望。医院质量管理的工作重点在于医疗服务标准化,即在社会实践中,对重复性事物和概念通过制定、发布和实施标准达到统一,以获得最佳秩序和社会效益。		
598	医院信息管理	羊英	钟力炜
	医院信息管理(hospital information management)是把医院管理过程作为医院信息的收集、处理、应用和反馈的过程。通过信息为管理服务,把管理决策建立在信息的充分利用基础上。它有双重含义,可以分别理解为"医院信息的管理"和"医院的信息管理"。前者指对医院信息进行的管理,包括信息的收集、处理、存储、传输、反馈等;后者指一种管理模式,指有别于传统经验管理的一种基于信息利用的管理模式。		
599	医疗设备管理	羊英	陈童
	医疗设备管理(medical equipment management)是指在医疗环境下根据一定的程序、方法、原则,对医疗设备在整个生命周期中加以计划、指导、维护、控制和监督,使之有效地利用人力、财力、物力和信息等,安全、有效地为广大患者服务,达到良好的社会效益与经济效益。		
600	疾病诊断相关分组	羊英	钟力炜
	疾病诊断相关分组(diagnosis related groups,DRG)是一种病例组合分类方案。即根据年龄、疾病诊断、合并症、并发症、治疗方式、病症严重程度及转归和资源消耗等因素,将患者分入若干诊断组进行管理的体系,它是用于衡量医疗服务质量效率以及进行医保支付的一个重要工具。		

601	住院管理		羊英	钟力炜

　　住院管理（hospitalization management）又称为病房管理，是指对入院接受诊疗的患者，提供良好的医疗服务，实行以病房管理为中心的全过程管理活动，包括对住院诊疗组织结构的设计、医疗质量的监控、医务人员实施诊疗活动行为规范、诊疗技术的应用管理、规划提高住院诊疗整体水平的目标管理等。

602	手术排程		罗守成	钟力炜

　　手术排程（surgery scheduling）是医院手术医生提出手术申请后具体安排患者在哪间手术室、什么时间进行手术，以及确定相应的麻醉医师、护士和手术设备等医院手术资源的优化问题。如果把手术患者看作待加工的工件，把手术医生、麻醉师、护士和手术设备等看作实施手术同时需要的各种机器，那么一台手术就是需要多台机器同时加工的工件（multi-machine job，MMJ）。如果把医院中多间手术室看作多台并行机，那么手术排程就是需要多台机器同时加工工件的并行机排序问题（a parallel machine problem with MMJ）。

603	护士排班		刘振元	白瑞斌

　　护士排班（nurse rostering）是医院编排在一定的管理周期内的护士值班表，以满足来自患者、医院管理者和护士等多方面的需求。护士是医院中比重最大的人力资源，具有专业性、工作量繁重、与患者接触时间最长等特点。医院管理中，需要考虑在一周、双周、一个月等周期模式下安排护士的值班表，这个值班表要受到很多来自法律法规、用工政策、人员偏好以及医院运营个性化等方面的诸多约束。护士排班中通常考虑多种班次方案，主要包括上午班（A）、下午班（P）和晚班（N），而可能的休假安排包括普通休假、带薪休假、公共假期、例假、产假、无薪休假等，约束通常包括护士负荷范围、连续工作班次、时长、连续的相同工作班次、护士技能类别和水平、护士偏好及需求、休假时长、班次类型指派、假期方案、班次搭配等。

604	数字孪生		羊英	陈童

　　数字孪生（digital twin）是充分利用物理模型、传感器更新、运行历史等数据，集成多学科、多物理量、多尺度、多概率的仿真过程，在虚拟空间中完成映射，从而反映相对应的实体装备的全生命周期过程。

数字孪生是一种超越现实的概念,可以被视为一个或多个重要的、彼此依赖的装备系统的数字映射系统。

605	智慧医院运营管理		羊英	陈童

智慧医院运营管理(intelligent hospital operation management)是在数据价值开发的基础上,逐步实现数字孪生医院建设,最终的目的是解构医院运营的关键科学问题;研究医院运营的普适规律,通过科学理论、方法、技术提升医院运营在医疗服务质量中的支撑保障能力。从技术发展角度而言,智慧医院运营管理是重要的技术应用场景。技术能够提升数据的感知能力,提高数据的采集深度与广度,更精准地关注服务对象的主观个性需求;多维度的信息耦合可以将独立运行的工作链、资金链、信息链、物流链升级为注重价值创造与聚合优化的质量链。

606	供应链		羊英	林慧丹

供应链(supply chain)是生产及流通过程中,涉及将产品或服务提供给最终用户活动的上游与下游企业,所形成的网链结构。供应链是指围绕核心企业,通过对信息流、物流、资金流的控制,从采购原材料到制成中间产品以及最终产品,最后由销售网络把产品送到消费者手中的将供应商、制造商、分销商、零售商直到最终用户,连成一个整体的功能网链结构模式。

607	供应链管理		羊英	林慧丹

供应链管理(supply chain management)是把供应链上的各个企业作为一个不可分割的整体,使供应链上各个企业分担采购、生产、分销和销售的职能,组成一个协调发展的有机体。

608	供应链运营参考模型		羊英	林慧丹

供应链运营参考模型(supply-chain operations reference model,SCOR)是由国际供应链协会开发,适用于不同工业领域的供应链运作参考模型。SCOR 是第一个标准的供应链流程参考模型,是供应链的诊断工具,涵盖所有行业。SCOR 使企业间能够准确地交流供应链问题,客观地评测其性能,确定性能改进的目标,并影响今后供应链管理软件的开发。

609	SPD	羊英	林慧丹

SPD(supply-processing-distribution)是供给-加工-配送三个环节构成的环路,由美国医疗咨询公司的戈登·A.弗里森(Gordon A. Friesen)在 20 世纪 70 年代提出,为医院提供一个优化院内物流效率的方案。随着我国医改政策的调整,医药流通企业和医院运营都发生着重大改变,SPD 服务在各大医院得到了广泛的推广和应用。目前 SPD 服务一般指医院院内医药产品物流服务,是以质量管理为核心,以流程优化为重点,通过信息化技术手段和智能设施设备让药品、医用耗材等医药产品在供应、整理、配送等各个环节在供应商、医院、患者之间实现一体化、精细化管理,达到全程质量监管、高效运营的医院供应链营运方式。通过 SPD 服务,可实现医院零库存管理并且全流程可追溯管理,减少医药物流的运营成本,释放药师、采购员、库存管理员等非关键岗位至专业医药服务岗位,实现整体医疗保障服务的优化。与医院托管不同的是,SPD 服务不参与医院的商业活动,不参与医院对供应商的遴选,只是负责将入选供应商的商品以最优化的方式提供给医院使用,达到物流供应的最优化,提升医院的管理效率。(注:以上定义来源于《医院院内医药产品物流服务规范》团体标准。)

610	病例组合指数	羊英	钟力炜

病例组合指数(case mix index,CMI)是指在医疗环境中,为患者的诊断相关分组(diagnosis related groups,DRG)所分配的一个相对值。它充分包括了患者的性别、年龄、疾病类型、治疗方法、住院时间、住院费用、死亡率等,是发达国家当局在综合医院中广泛应用的一个重要指标,是有效评估临床复杂性和治疗难度的要素或指标。同时,CMI 还可以用来确定医院资源对患者的分配。如果一个医院有一个更大的 CMI,它的临床复杂性、潜在的风险和每个患者消耗的资源将更高,反之亦然。

611	设备管理	羊英	陈童

设备管理(device management)是以设备为研究对象,追求设备综合效率,应用一系列理论、方法,通过一系列技术、经济、组织措施,对设备的物质运动和价值运动进行全过程(从规划、设计、选型、购置、安装、验收、使用、保养、维修、改造、更新直至报废)的科学管理。

（二十二）应急调度

序号	条目	执笔人	校阅人
612	突发事件	高淑萍	张胜贵
	突发事件（emergency）是指突然发生，造成或者可能造成严重社会危害，需要采取应急处置措施予以应对的自然灾害、事故灾难、公共卫生事件和社会安全事件（**引自** 2007 年 11 月 1 日起施行的《中华人民共和国突发事件应对法》）。根据社会危害程度、影响范围等因素，突发事件可分为特别重大、重大、较大和一般等四级。突发事件的构成要素是突然爆发、难以预料、必然原因、严重后果、需紧急处理。		
613	应急响应	高淑萍	张胜贵
	应急响应（emergency response）是发生突发事件时有关组织或人员采取的应急行动。		
614	应急资源调度	高淑萍	张胜贵
	应急资源调度（emergency resource scheduling）是应对突发性群体事件、突发性公共安全事件、突发性自然灾害和军事冲突等紧急事件而进行的一种特殊资源运输调度。其主要对象是生命物资和救援物资等紧急保障物资，目的就是在最短的时间内从各个出救点把应急资源调度给资源需求点（应急点），保证提供救援所需的资源，它追求的是事件效益最大化和灾害损失最小化。		
615	应急	高淑萍	张胜贵
	应急（emergency）是需要立即采取某些超出正常工作程序的行动，以避免事故发生或减轻事故后果的状态，也称为紧急状态。同时也泛指立即采取超出正常工作程序的行动。		
616	应急车辆调度	高淑萍	张胜贵
	应急车辆调度（emergency vehicle scheduling）是一种特殊的车辆调度，即制定行车路线，使车辆在满足一定的约束条件下，有序地通过一系列装货点和卸货点，对资源空间转移，以改变资源空间位置为目的，达到如路程最短、费用最小、耗时最少等目标。		

617	应急物资	张剑湖	张胜贵

应急物资（emergency supplies 或 emergency materials）是指为应对严重自然灾害、事故灾难、公共卫生事件和社会安全事件等突发公共事件应急全过程中所必需的物资保障。从广义上概括，凡是在突发公共事件应对的过程中所用的物资都可以称为应急物资。具体可划分为几类：

（1）基本生活保障物资，主要指粮食、食油和水、手电等；

（2）工程材料与机械加工设备，主要指处理危机过程中专业人员所使用的专业性物资，工作物资一般对某一专业队伍具有通用性；

（3）应急装备及配套物资，主要指针对少数特殊事故处置所需特定的物资，这类物资储备储量少，针对性强，如一些特殊药品。

618	应急管理	张剑湖	张胜贵

应急管理（emergency management）是指政府及其他公共机构在突发事件的事前预防、事发应对、事中处置和善后恢复过程中，通过建立必要的应对机制，采取一系列必要措施，应用科学、技术、规划与管理等手段，保障公众生命、健康和财产安全，促进社会和谐健康发展的有关活动。危险包括人的危险、物的危险和责任危险三大类。人的危险可分为生命危险和健康危险；物的危险指威胁财产安全的火灾、雷电、台风、洪水等事故灾难；责任危险是产生于法律上的损害赔偿责任，一般又称为第三者责任险。其中，危险是由意外事故、意外事故发生的可能性及蕴藏意外事故发生可能性的危险状态构成。

应急管理是对突发公共事件的全过程管理，包括预防、准备、响应和恢复四个阶段。尽管在实际情况中，这些阶段往往是重叠的，但每一部分都有自己单独的目标，并且成为下个阶段内容的一部分。

应急管理是一个完整的系统工程，可以概括为"一案三制"，即突发事件应急预案（emergency plan）、应急机制（emergency mechanism 或 emergency response mechanism）、应急体制（emergency system）和应急法制（contingency legality）。

619	应急预警	张剑湖	张胜贵

应急预警（emergency preparedness and response）是指根据监测到的突发公共事件信息，依据有关法律法规，应急预案中的相关规定，提前发布相应级别的警报，并提出相关应急措施建议。

620	多层优化		高淑萍	张胜贵

多层优化（multi-level optimization）是指按照一个属性或目标进行优化后,结果仍然较多或结果不符合预期,因此指定多个属性或目标进行优化。多层优化中目标权重是一个重要因素。

621	应急系统		高淑萍	张胜贵

应急系统（emergency system）也称为应急体制,是为了应对突发事件,避免、减少和减缓突发事件造成的危害,消除突发事件对社会产生的负面影响,而建立起来的由应急组织机构、人员、物资、通信、交通运输、信息等要素组成的有机体系。

622	应急组织		高淑萍	张胜贵

应急组织（emergency organization）是指由一定的群体为了应对突发事件,按照一定的原则,通过组织设计,以特定的结构运行的集合体。

623	应急救援		高淑萍	张胜贵

应急救援（emergency relief）是指在应急响应过程中,为消除、减少突发事件的危害,防止突发事件扩大或恶化,采取救援措施或行动,以期最大限度降低突发事件造成的损失或危害。

624	不确定性应急调度		高淑萍	张胜贵

不确定性应急调度（uncertain emergency scheduling）是指由于许多内部与外部因素的共同影响,决策者获取的灾情信息不全面,资源调度面临诸多不确定性,导致调度决策偏离目标要求。根据具体的资源调度的运作过程,调度的不确定性主要包括资源需求的不确定性、资源供给的不确定性和应急调度时间的不确定性。

625	应急物流		高淑萍	张胜贵

应急物流（emergency logistics）是指为应对严重自然灾害、突发性公共卫生事件、公共安全事件及军事冲突等突发事件而对物质、人力、资源进行动态供给分配的一系列有效的计划、组织、领导、控制的特殊物流活动。应急物流与普通物流一样,由流体、载体、流向、流量、流程、流速等要素构成,具有空间效用、时间效用和形质效用。应急物流的目标是最大化时间效益和最小化灾害损失。

| 626 | 应急出救点 | 张剑湖 | 张胜贵 |

应急出救点（emergency rescue point）即救援点，主要指拥有、储备或存放应急资源，能够为灾区提供生存所需全部或者部分资源的地点，包括应急救援指挥中心、应急资源储备库、应急资源集中站、应急资源中转站等。这些出救点是预先建立的或者临时设置的。应急出救点是收集、储存、转运灾区所需资源的节点，也是应急资源运输车辆的出发点或者结束点。

| 627 | 应急点 | 张剑湖 | 张胜贵 |

应急点（emergency disaster point）即灾害点，是指发生突发事件，造成人员伤亡或财产损失，缺少生存或生活所需物质，对应急资源产生需求的灾区。应急点是应急资源调度的服务对象。根据灾区地理位置与受灾范围，可把灾区划为一个或多个应急点。

| 628 | 应急评价 | 高淑萍 | 张胜贵 |

应急评价（capability assessment for emergency management）是指围绕突发事件和应急管理工作的展开，对事物的状态、事件发展趋势和应急工作效果进行的认知、评估和判断。应急评价是应急管理的重要工作内容，无论在事件发生前还是发生后都需要大量的评价工作，做好应急评价对于应急管理具有重要的意义。

| 629 | 应急预案 | 高淑萍 | 张胜贵 |

应急预案（emergency plan）是指面对突发事件，如自然灾害、重特大事故、环境公害及人为破坏的应急管理、指挥、救援计划等。应急预案一般应建立在综合防灾规划上，分为若干重要子系统：完善的应急组织管理指挥系统；强有力的应急工程救援保障体系；综合协调、应对自如的相互支持系统；充分备灾的保障供应体系；体现综合救援的应急队伍等。

突发公共事件应急预案体系由总体应急预案、专项应急预案、部门应急预案、地方应急预案、企事业单位应急预案、重大活动应急预案六大类构成。

| 630 | 应急资源 | 张剑湖 | 张胜贵 |

应急资源（emergency resources）是指公共安全应急体系为有效开展应急活动，保障体系正常运行所需要的人力、物资、资金、设施、信

息和技术等各类资源的总和。具体来说，应急资源主要包括以下几方面的内容：

（1）人力资源。包括专职应急管理人员、相关应急专家、专职应急队伍和辅助应急人员、社会应急组织、企事业单位、志愿者队伍、社区、国际组织，以及军队与武警等。

（2）资金资源。包括政府专项应急资金、捐献资金和商业保险基金。

（3）物资资源。其涉及的方面最为广泛，按用途可分为防护救助、交通运输、食品供应、生活用品、医疗卫生、动力照明、通信广播、工具设备，以及工程材料等。

（4）设施资源。包括避难设施、交通设施、医疗设施、专用工程机械等。

（5）技术资源。包括应急管理专项研究、技术开发、应用建设、技术维护以及专家队伍。

（6）信息资源。包括事态信息、环境信息、资源信息和应急管理知识等。

（7）特殊资源。专指那些稀有的资源、不可消耗的资源等。

狭义的应急资源仅指应急管理所需要的应急物资。

631	应急调度网络		高淑萍	张胜贵

　　应急调度网络（emergency dispatching network）是应急调度过程中，由车辆运输路线、路段及网络节点构成的运输网络。运输网络由节点路段组成，是否选择该路段在于路段的方向、长度和流量。如果路段的方向、长度和流量均适合应急资源配送运输，则选择该路段，否则选择其他路径。配送路径的选择对节省时间和增加效益具有战略意义，是调度任务能够顺利完成的关键所在。

632	应急窗口		高淑萍	张胜贵

　　应急窗口（emergency window）是指为应对突发事件而设立的具有管理或服务职能的单位、部门等机构或设施。

633	应急服务		高淑萍	张胜贵

　　应急服务（emergency rescue service）是在一定的空间或时间内为满足个人或组织的需要而进行的活动，其构成要件是服务者和被服务者。应急服务是指面对突发事件发生时所提供的及时有效的救助。

（二十三）其他

序号	条目	执笔人	校阅人
634	排序反问题	陈荣军	张峰
	排序问题（正问题）是在已知工件、机器等有关参数或者数据条件下，寻找工件加工次序使所给定的目标函数为最优。**排序反问题**（inverse scheduling problem）是假设工件的加工次序已经给定，但该加工次序对所给定的目标函数并非最优，需要考虑如何最小限度地调整现有参数或数据，使给定的加工次序在新的情况下成为所对应的目标函数的最优序，进而考虑如何调整问题的输入参数，使得排序作业系统处于最优状态。如果说排序正问题的研究有助于一个新系统的设计和确定，那么排序反问题的研究对改善现有系统的性能具有重要的意义。		
635	双边匹配	羊英	唐国春
	双边匹配（bilateral matching）是指在一个问题中，存在两个群体（即双边），其中一个群体中的一个或多个主体（或成员）与另一个群体中的一个或多个主体（或成员）进行匹配的情形。		
636	成像卫星任务规划技术	邢立宁	向尚
	成像卫星任务规划技术（mission planning technology for imaging satellites）是指对成像卫星资源进行有效分配与调度，制订卫星观测计划的技术。成像卫星任务规划技术可以分为：成像卫星任务规划预处理技术、多星一体化规划技术、成像卫星动态任务规划技术、成像卫星自主任务规划技术和多星联合任务规划系统。		
637	多星任务规划问题	邢立宁	向尚
	多星任务规划问题（mission planning of multiple satellites）是考虑如何把一系列成像任务安排至多颗卫星的遥感设备上执行，从而充分利用成像卫星资源的问题。在安排成像过程中必须考虑多种成像约束以保证卫星安全可靠的运行和成像计划的顺利实施。多星任务规划问题的主要特点是：成像卫星高速运行于近地轨道，对地面实施		

	成像都受到卫星同目标的可见时间窗限制；卫星成像设备在一定时间内姿态调整的能力有限，在成像任务之间进行动作转换需要满足多种约束条件。		
638	卫星地面站系统任务调度	邢立宁	向尚
	卫星地面站系统任务调度（mission planning of satellite ground station system）问题是一个基于约束的资源优化问题，即在给定时间内向需要执行的任务分配地面站及执行时间。该问题的优化目标可描述为：在给定时间内完成最多的任务或最大化完成任务的权重值之和（考虑任务权重时）。该问题的难点在于：资源（地面站）相对于某个特定活动（任务）来讲，只有一个或几个可用时间窗口（卫星和地面站之间满足任务要求的时间区段）；其调度过程既包括了资源指派问题，又包括了时间窗口的分配问题。		

附录 A　英汉排序与调度词汇

（2022 年 4 月版）

《排序与调度丛书》编委会

　　20 世纪 50 年代越民义就注意到排序（scheduling）问题的重要性和在理论上的难度。1960 年他编写了国内第一本排序理论讲义。70 年代初，他和韩继业一起研究同顺序流水作业排序问题，开创了中国研究排序论的先河[①]。在他们两位的倡导和带动下，国内排序的理论研究和应用研究有了较大的发展。之后，国内也有文献把 scheduling 译为"调度"[②]。正如波茨（Potts）等指出："排序论的进展是巨大的。这些进展得益于研究人员从不同的学科（例如，数学、运筹学、管理科学、计算机科学、工程学和经济学）所做出的贡献。排序论已经成熟，有许多理论和方法可以处理问题；排序论也是丰富的（例如，有确定性或者随机性的模型、精确的或者近似的解法、面向应用的或者基于理论的）。尽管排序论研究取得了进展，但是在这个令人兴奋并且值得探索的领域，许多挑战仍然存在。"[③]不同学科带来了不同的术语。经过 50 多年的发展，国内排序与调度的术语正在逐步走向统一。这是学科正在成熟的标志，也是学术交流的需要。

　　我们提倡术语要统一，将"scheduling""排序""调度"这三者视为含义完全相同、可以相互替代的 3 个中英文词汇，只不过这三者使用的场合和学科（英语、运筹学、自动化）不同而已。这次的"英汉排序与调度词汇（2022 年 4 月版）"收入 236 条词汇，就考虑到不同学科的不同用法。我们欢迎不同学科的研究者推荐适合本学科的术语，补充进未来的版本中。

---

　　① 　越民义，韩继业. n 个零件在 m 台机床上的加工顺序问题[J]. 中国科学，1975(5)：462-470.

　　② 　周荣生. 汉英综合科学技术词汇[M]. 北京：科学出版社，1983.

　　③ 　POTTS C N，STRUSEVICH V A. Fifty years of scheduling：a survey of milestones[J]. Journal of the Operational Research Society，2009，60：S41-S68.

1	activity	活动
2	agent	代理
3	agreeability	一致性
4	agreeable	一致的
5	algorithm	算法
6	approximation algorithm	近似算法
7	arrival time	到达时间, 就绪时间
8	assembly scheduling	装配排序
9	asymmetric linear cost function	非对称线性损失函数, 非对称线性成本函数
10	asymptotic	渐近的
11	asymptotic optimality	渐近最优性
12	availability constraint	(机器)可用性约束
13	basic (classical) model	基本 (经典) 模型
14	batching	分批
15	batching machine	批处理机, 批加工机器
16	batching scheduling	分批排序, 批调度
17	bi-agent	双代理
18	bi-criteria	双目标, 双准则
19	block	阻塞, 块
20	classical scheduling	经典排序
21	common due date	共同交付期, 相同交付期
22	competitive ratio	竞争比
23	completion time	完工时间
24	complexity	复杂性
25	continuous sublot	连续子批
26	controllable scheduling	可控排序
27	cooperation	合作, 协作
28	cross-docking	过栈, 中转库, 越库, 交叉理货
29	deadline	截止期 (时间)
30	dedicated machine	专用机, 特定的机器
31	delivery time	运送时间
32	deteriorating job	退化工件, 恶化工件
33	deterioration effect	退化效应, 恶化效应
34	deterministic scheduling	确定性排序
35	discounted rewards	折扣报酬
36	disruption	干扰
37	disruption event	干扰事件
38	disruption management	干扰管理
39	distribution center	配送中心

40	dominance	优势，占优，支配
41	dominance rule	优势规则，占优规则
42	dominant	优势的，占优的
43	dominant set	优势集，占优集
44	doubly constrained resource	双重受限制资源，使用量和消耗量都受限制的资源
45	due date	交付期，应交付期限，交货期，工期
46	due date assignment	交付期指派，与交付期有关的指派（问题）
47	due date scheduling	交付期排序，与交付期有关的排序（问题）
48	due window	交付时间窗，窗时交付期，交货时间窗
49	due window scheduling	窗时交付排序，窗时交货排序，宽容交付排序
50	dummy activity	虚活动，虚拟活动
51	dynamic policies	动态策略
52	dynamic scheduling	动态排序，动态调度
53	earliness	提前
54	early job	非误工工件，提前工件
55	efficient algorithm	有效算法
56	feasible	可行的
57	family	族
58	flow shop	流水作业，流水（生产）车间
59	flow time	流程时间
60	forgetting effect	遗忘效应
61	game	博弈
62	greedy algorithm	贪婪算法，贪心算法
63	group	组，成组，群
64	group technology	成组技术
65	heuristic algorithm	启发式算法
66	identical machine	同型机，同型号机
67	idle time	空闲时间
68	immediate predecessor	紧前工件，紧前工序
69	immediate successor	紧后工件，紧后工序
70	in-bound logistics	内向物流，进站物流，入场物流，入厂物流
71	integrated scheduling	集成排序，集成调度
72	intree (in-tree)	内向树，入树，内收树，内放树
73	inverse scheduling problem	排序反问题，排序逆问题
74	item	项目
75	JIT scheduling	准时排序
76	job	工件，作业，任务
77	job shop	异序作业，作业车间，单件（生产）车间
78	late job	误期工件

79	late work	误工量，误工损失
80	lateness	延迟，迟后，滞后
81	list scheduling policy	列表排序策略
82	list scheduling	列表排序
83	logistics scheduling	物流排序，物流调度
84	lot-size	批量
85	lot-sizing	批量化
86	lot-streaming	批量流
87	machine	机器
88	machine scheduling	机器排序，机器调度
89	maintenance	维护，维修
90	major setup	主安装，主要设置，主要准备，主准备
91	makespan	最大完工时间，制造跨度，工期
92	max-npv (NPV) project scheduling	净现值最大项目排序，最大净值的项目排序
93	maximum	最大，最大的
94	milk run	循环联运，循环取料，循环送货
95	minimum	最小，最小的
96	minor setup	次要准备，次要设置，次要安装，次准备
97	modern scheduling	现代排序
98	multi-criteria	多目标，多准则
99	multi-machine	多台同时加工的机器
100	multi-machine job	多机器加工工件，多台机器同时加工的工件
101	multi-mode project scheduling	多模式项目排序
102	multi-operation machine	多工序机
103	multiprocessor	多台同时加工的机器，多处理机
104	multiprocessor job	多机器加工工件，多处理机工件
105	multipurpose machine	多功能机，多用途机
106	net present value	净现值
107	nonpreemptive	不可中断的
108	nonrecoverable resource	不可恢复（的）资源，消耗性资源
109	nonrenewable resource	不可恢复（的）资源，消耗性资源
110	non-resumable	（工件加工）不可继续的，（工件加工）不可恢复的
111	nonsimultaneous machine	不同时开工的机器
112	nonstorable resource	不可储存（的）资源
113	no-wait	（前后两个工序）加工不允许等待
114	NP-complete	NP-完备，NP-完全
115	NP-hard	NP-困难（的），NP-难（的）
116	NP-hard in the ordinary sense	普通 NP-困难（的），普通 NP-难（的）
117	NP-hard in the strong sense	强 NP-困难（的），强 NP-难（的）

118	offline scheduling	离线排序
119	online scheduling	在线排序
120	open problem	未解问题,(复杂性)悬而未决的问题,尚未解决的问题,开放问题,公开问题
121	open shop	自由作业,开放(作业)车间
122	operation	工序,作业
123	optimal	最优的
124	optimality criterion	优化性指标,最优化的目标,优化准则
125	ordinarily NP-hard	普通 NP-(困)难的,一般 NP-(困)难的
126	ordinary NP-hard	普通 NP-(困)难,一般 NP-(困)难
127	out-bound logistics	外向物流
128	outsourcing	外包
129	outtree(out-tree)	外向树,出树,外放树
130	parallel batch	并行批,平行批
131	parallel machine	并行机,平行机,并联机
132	parallel scheduling	并行排序,并行调度
133	partial rescheduling	部分重排序,部分重调度
134	partition	划分
135	peer scheduling	对等排序
136	performance	性能
137	permutation flow shop	同顺序流水作业,同序作业,置换流水车间,置换流水作业
138	PERT(program evaluation and review technique)	计划评审技术
139	polynomially solvable	多项式时间可解的
140	precedence constraint	前后约束,先后约束,优先约束
141	predecessor	前序工件,前工件,前工序
142	predictive reactive scheduling	预案反应式排序(调度),预测反应调度
143	preempt	中断
144	preempt-repeat	重复(性)中断,中断-重复
145	preempt-resume	可续(性)中断,中断-继续,中断-恢复
146	preemptive	中断的,可中断的
147	preemption	中断
148	preemption schedule	可以中断的排序,可以中断的时间表
149	proactive	前摄的,主动的
150	proactive reactive scheduling	前摄反应式排序,前摄反应式调度
151	processing time	加工时间,工时
152	processor	机器,处理机
153	production scheduling	生产排序,生产调度

154	project scheduling	项目排序，项目调度
155	pseudo-polynomially solvable	伪多项式时间可解的，伪多项式可解的
156	public transit scheduling	公共交通调度
157	quasi-polynomially	拟多项式时间，拟多项式
158	randomized algorithm	随机化算法
159	re-entrance	重入，重入性
160	reactive scheduling	反应式排序，反应式调度
161	ready time	就绪时间，准备完毕时刻，准备时间
162	real-time	实时
163	recoverable resource	可恢复（的）资源
164	reduction	归约
165	regular criterion	正则目标，正则准则
166	related machine	同类机，同类型机
167	release time	就绪时间，释放时间，放行时间
168	renewable resource	可恢复（再生）资源
169	rescheduling	重新排序，重新调度，重调度，再调度，滚动排序
170	resource	资源
171	res-constrained scheduling	资源受限排序，资源受限调度
172	resumable	（工件加工）可继续的，（工件加工）可恢复的
173	robust	鲁棒的
174	schedule	时间表，调度表，调度方案，进度表，作业计划
175	schedule length	时间表长度，作业计划期
176	scheduling	排序，调度，排序与调度，安排时间表，编排进度，编制作业计划
177	scheduling a batching machine	批处理机排序
178	scheduling game	排序博弈
179	scheduling multiprocessor jobs	多台机器同时加工工件的排序
180	scheduling with an availability constraint	机器可用受限的排序问题
181	scheduling with batching	分批排序，批处理排序
182	scheduling with batching and lot-sizing	分批批量排序，成组分批排序
183	scheduling with deterioration effects	退化效应排序
184	scheduling with learning effects	学习效应排序
185	scheduling with lot-sizing	批量排序
186	scheduling with multipurpose machine	多功能机排序，多用途机器排序
187	scheduling with non-negative time-lags	（前后工件结束加工和开始加工之间）带非负时间滞差的排序

188	scheduling with nonsimultaneous machine available time	机器不同时开工排序
189	scheduling with outsourcing	可外包排序
190	scheduling with rejection	可拒绝排序
191	scheduling with time windows	窗时交付期排序, 带有时间窗的排序
192	scheduling with transportation delays	考虑运输延误的排序
193	selfish	自利的
194	semi-online scheduling	半在线排序
195	semi-resumable	(工件加工) 半可继续的,(工件加工) 半可恢复的
196	sequence	次序, 序列, 顺序
197	sequence dependent	与次序有关
198	sequence independent	与次序无关
199	sequencing	安排次序
200	sequencing games	排序博弈
201	serial batch	串行批, 继列批
202	setup cost	安装费用, 设置费用, 调整费用, 准备费用
203	setup time	安装时间, 设置时间, 调整时间, 准备时间
204	shop machine	串行机, 多工序机器
205	shop scheduling	车间调度, 串行排序, 多工序排序, 多工序调度, 串行调度
206	single machine	单台机器, 单机
207	sorting	(数据)排序, 整序
208	splitting	拆分的
209	static policy	静态排法, 静态策略
210	stochastic scheduling	随机排序, 随机调度
211	storable resource	可储存(的)资源
212	strong NP-hard	强 NP-(困)难
213	strongly NP-hard	强 NP-(困)难的
214	sublot	子批
215	successor	后继工件, 后工件, 后工序
216	tardiness	延误, 拖期
217	tardiness problem i.e. scheduling to minimize total tardiness	总延误排序问题, 总延误最小排序问题, 总延迟时间最小化问题
218	tardy job	延误工件, 误工工件
219	task	工件, 任务
220	the number of early jobs	提前完工工件数, 不误工工件数
221	the number of tardy jobs	误工工件数, 误工数, 误工件数
222	time window	时间窗
223	time varying scheduling	时变排序(调度)

224	time/cost trade-off	时间／费用权衡
225	timetable	时间表, 时刻表
226	timetabling	编制时刻表, 安排时间表
227	total rescheduling	完全重排序, 完全再排序, 完全重调度, 完全再调度
228	tri-agent	三代理
229	two-agent	双代理
230	unit penalty	误工计数, 单位罚金
231	uniform machine	同类机, 同类别机
232	unrelated machine	非同类型机, 非同类机
233	waiting time	等待时间
234	weight	权, 权值, 权重
235	worst-case analysis	最坏情况分析
236	worst-case performance ratio	最坏情况的性能比

附录 B 排序与调度文献

（2023 年 5 月 30 日版）